Editora Gente

Roberto Shinyashiki

Pais e Filhos
Companheiros de Viagem

Editora Gente

Editora	*Rosely M. Boschini*
Assistente editorial	*Rosângela Barbosa*
Capa	*Magy Imoberdorf*
Projeto gráfico	*Paulo Lima*
Copydesk	*Gabriel Perissé*
Preparação	*Maria Alayde Carvalho*
Editoração eletrônica	*Lúcia Helena S. Lima*

Dados Internacionais de Catalogação na Publicação (CIP)
(Câmara Brasileira do Livro, SP, Brasil)

Shinyashiki, Roberto

Pais e filhos, companheiros de viagem / Roberto Shinyashiki.

1ª edição, São Paulo: Editora Gente, 1992.

ISBN 85-85247-36-3

1. Educação de crianças 2. Educação doméstica 3. Educação sexual para crianças 4. Pais e filhos I. Título.

92-2161 CDD-649.1

Índices para catálogo sistemático:
1. Crianças: Educação doméstica 649.1
2. Pais e filhos: Educação doméstica 649.1

Rua Pedro Soares de Almeida, 114, São Paulo - SP
CEP 05029-030 - Telefax: (11) 3670-2500
Site: www.editoragente.com.br
E-mail: gente@editoragente.com.br

Dedico este livro a meus filhos,
companheiros de viagem,
eternos faróis em minha vida.

Minha gratidão a:

Rosely S. Boschini, Claudia Bava Shinyashiki, Gabriel Perissé, Tato Fisher, Amália Ursi e Eduardo S. Cardoso, anjos da guarda que cuidaram de mim durante este parto.

Nívea Gomes Basile, Maria Júlia Paes da Silva, Regina e Cláudio Costa, Ana Silvia e José Tadeu Ohl, Hellen Forgach, Luciano Pessoa, Graça Lage, Maria Luiza Porto e Paula Gonçalves Bourroul pelo carinho e pelos importantes comentários durante a produção deste livro.

Prof. Célio Gayer, Ângela Mansur, Felix de Almeida, Silvio Lancellotti, Flávio Venturini, Magy Imoberdorf, Jorge Akaishi, Pedro Duarte, Ângela Dip, Lucia Leão, Gervásio e Graça Araújo, Tieko Murakoshi, Eliana Dumêt, Carla Polletti, Regina Berardi, Joines de Oliveira, Edméa Rego Freitas, Milene Vianelo, Delma dos Santos, Elza Piacentini, Márcia Oliveira e Ken O'Donnell, amigos queridos de todas as horas.

Meus leitores, minha fonte de inspiração, que me fazem dar sempre o melhor de mim. Quero agradecer especialmente àqueles que me enviam histórias e sugestões que enriquecem meu trabalho.

Meus irmãos pelo companheirismo, pela união e por toda a beleza de vivermos juntos.

Meus pais, sementes de tudo em minha vida. Eu hoje simplesmente aplico as primeiras lições sobre viver e amar que eles me ensinaram.

Sumário

Vossos filhos não são vossos filhos.
São os filhos e as filhas da ânsia da vida por si mesma.
Vêm através de vós, mas não de vós
E, embora vivam convosco, não vos pertencem.
Podeis outorgar-lhes vosso amor, mas não vossos pensamentos
Porque eles têm seus próprios pensamentos.
Podeis abrigar seus corpos, mas não suas almas,
Pois suas almas moram na mansão do amanhã,
Que vós não podeis visitar nem mesmo em sonho...

Gibran Khalil Gibran

Há alguns anos, eu estava na Índia realizando um trabalho de desenvolvimento pessoal com um mestre. Nessa época, eu me sentia sobrecarregado. Quanto mais tarefas concluía, mais tarefas e compromissos surgiam à minha frente. Tinha a sensação de estar sempre tirando água de um barco furado. Depois de algum tempo de conversa, o mestre me disse:

— *Vá meditar e reflita no que você precisa realizar para que, no momento da sua morte, tenha certeza de que sua vida teve sentido. Só volte quando tiver encontrado o que realmente é importante.*

Normalmente, nesses retiros, meditar sobre uma questão apresentada pelo mestre significa deixar todo o universo de lado e fazer um mergulho na própria alma. Fiquei alguns dias comendo apenas arroz integral e bebendo água, em silêncio, sem ninguém por perto, até que a resposta ficou clara para mim. Então voltei para conversar com ele:

— *Mestre, já tenho a resposta. Minha vida terá sentido se eu conseguir ajudar as pessoas a se realizarem e meus filhos a se transformarem em adultos felizes.*

O velhinho sorriu e me disse:

— *Roberto, agora que você sabe o que realmente importa, não se distraia com a correria da sua rotina. Cuide das pequenas coisas que darão verdadeiro sentido a sua vida. Todas as tarefas que não trazem significado a sua vida são simples distrações que vão esgotá-lo e torná-lo infeliz.*

Desde então, ajudar meus cinco filhos a serem pessoas felizes tem sido um de meus maiores sonhos e compartilhar com vocês essa experiência de vida é uma forma de realizar aquela outra parte de minha missão.

Tudo o que desejo é ter sucesso nessa missão para que, na hora em que a morte vier ao meu encontro, eu esteja em paz com minha consciência.

Com carinho,

Roberto Shinyashiki

Dê prioridade a seus filhos!

Há uma história de que eu gosto muito. É a respeito de uma moça muito pobre que carregava uma criança nos braços e, caminhando por uma montanha, passou na frente de uma caverna de cujo interior vinha uma voz:

— *Entre nesta caverna e você encontrará um tesouro. Pegue tudo o que quiser, mas saiba que, dentro de trinta minutos, a porta da caverna se fechará para sempre. Portanto, não se esqueça do principal.*

A moça entrou e ficou muito feliz ao ver que era verdade, havia um maravilhoso tesouro, muitas jóias e pedras preciosas. Ela colocou a criança no chão, levantou o avental e começou a pegar tudo o que conseguia. O tempo foi passando e de repente a mesma voz lhe disse:

— *Isso mesmo, pegue tudo o que quiser, mas lembre-se de que dentro de quatro minutos a porta desta caverna se fechará para sempre. Portanto, não se esqueça do principal.*

O tempo era muito escasso para pegar tantas coisas! A moça, na ânsia de levar o máximo que pudesse e não deixar nada para trás, corria de lá para cá até que, de repente, a porta da caverna começou a se fechar. Ela correu para sair antes que fosse tarde, e assim que passou a porta se fechou. Nesse momento, porém, ela se deu conta, desesperada, de que esquecera a criança dentro da caverna.

Em pouco tempo o tesouro foi consumido, mas o desespero acompanhou aquela mulher pelo resto da vida.

Eu, que tenho cinco filhos, não consigo imaginar um tesouro maior do que esse.

Infelizmente, vemos a maioria das pessoas gastar a vida na ânsia de acumular riquezas materiais, aplausos, sucesso, *status* — e se esquecem dos filhos. No entanto, você sabe que nenhum tesouro do mundo compensa o distanciamento dos filhos nem a destruição da família.

Se, para você, felicidade é sinônimo de ter filhos felizes, é fundamental que eles se tornem realmente prioridade em sua vida.
Hoje em dia, muitas pessoas dizem que os filhos são importantes, que os amam muito e se sacrificam para proporcionar a eles o que há de melhor em educação, uma vida confortável e segurança econômica no futuro. O que tenho visto, porém, são pessoas que chegam em casa irritadas depois do trabalho, com pouquíssima disponibilidade para passar bons momentos com a família. São pessoas que dão conforto, bens materiais e uma série de coisas boas a seus filhos, mas são presentes embrulhados em angústia. E, por acréscimo, provocam nos filhos a culpa de ver os pais trabalharem tanto para lhes dar tudo...

Gostaria que, neste momento, você refletisse a respeito do que realmente está fazendo para colocar seu filho ou seus filhos como prioridade de vida. Eu imagino que trabalha muito e, portanto, não lhe sobra tempo para mais nada. Mas você não pode mais usar isso como desculpa. Talvez priorizar sua família suponha pagar um preço, que pode ser menos dinheiro, menos *status*, comprar brinquedos mais simples, jantar fora com menos freqüência, não ter tantas roupas de grifes famosas e até mesmo deixar uma herança menor para eles. Mas com certeza você se sentirá mais realizado como ser humano. Dinheiro sem felicidade é o começo de uma vida sem sentido.

Certa vez, um pai chegou em casa superestressado e ligou a televisão para assistir ao telejornal. O filho se aproximou sorridente:

— *Pai, vamos brincar?*

O pai respondeu meio irritado:

— *Meu filho, você não está vendo que estou muito ocupado? Vá brincar com seus irmãos que depois a gente conversa.*

O menino saiu, chateado, mas logo em seguida voltou de novo e perguntou:

— *Pai, quanto você ganha por hora de trabalho?*

E o pai, irritado, disse:
— *Você não está vendo que estou ocupado? Vá falar com sua mãe, já lhe disse que estou ocupado, saia daqui.*
Alguns minutos depois o garoto tentou chamar a atenção do pai novamente:
— *Pai, quanto é que você ganha por hora de trabalho?*
O pai não agüentou e explodiu:
— *Você é muito mal-educado! Você não percebe que estou ocupado! Vá já para seu quarto.*
O garoto argumentou:
— *Mas, pai, eu ainda nem jantei!*
— *Não quero nem saber! Vá para seu quarto agora e não saia de lá.*
Assustado, o garoto foi para o quarto com fome, sem entender o que estava ocorrendo.
Terminado o telejornal, o pai se deu conta da bobagem que fizera. Caiu na real e foi chamar o garoto para jantar. Quando abriu a porta, viu que o filho já estava dormindo. A consciência pesou. Acordou o menino, que levantou sobressaltado:
— *Não, pai, não me bata, desculpe ter atrapalhado seu programa, prometo que isso nunca mais vai acontecer, por favor não me bata!*
Naquele instante, o coração do pai se apertou, e ele disse:
— *Não, filho, desculpe o papai, vamos jantar. Depois a gente vai brincar e eu quero que você me conte como foi seu dia.*
O menino, percebendo a mudança de tom, aproveitou para perguntar de novo:
— *Pai, quanto é que você ganha por hora de trabalho?*
O homem parou, pensou e respondeu:
— *Ganho mais ou menos 5 reais.*

E o menino pediu:
— *Pai, dá para você me emprestar 2 reais?*
O pai, sentindo-se culpado, pegou duas notas de 1 real e deu ao menino, que então tirou do bolso do calção 3 reais, juntou-as e disse:

— Pai, aqui tem 5 reais. Você me vende uma hora de seu tempo para a gente brincar?

Eu entendo que você viva sob pressão no trabalho, mas essa realidade não pode servir como justificativa para não curtir seus filhos ao chegar em casa. Certamente as mães de hoje não têm mais a mesma disponibilidade de ficar o dia inteiro com os filhos como no passado. Hoje muitas mulheres trabalham fora e exercem uma série de atividades. Pais e mães, ao chegar em casa, precisam encontrar energia para curtir os filhos. Isso tem de ficar muito claro: filho não é obrigação! Aproveitar esses momentos de encontro é uma forma de recarregar as baterias e cumprir um papel que cabe exclusivamente aos pais.

Muitas pessoas admitem que se sentem culpadas por não ter tempo de curtir os filhos porque precisam trabalhar muito. O mais triste dessa história, porém, não é quando você está longe de casa. Duro mesmo é voltar, dar um beijo formal na turma, abrir a geladeira, pegar uma cerveja, abrir o jornal e ligar a televisão. Então, sim, as coisas ficam péssimas. Nesse momento, você mostra para a sua filha que ela vale menos que uma lata de cerveja, você mostra a seu filho que ele é menos importante que um jornal. Triste é destruir a auto-estima deles.

Quando estiver trabalhando, dê 110% de sua energia. Mas, quando estiver em casa, curta as pessoas que você ama.

Escrevi este livro para lembrar a você que precisa organizar sua vida dedicando o tempo que for necessário ao trabalho e realizando seus projetos profissionais, mas, sobretudo, reservando tempo e energia para curtir seus filhos, brincar com eles, conhecê-los, ajudá-los a se realizarem como pessoas.

Você deve realizar seus sonhos de ter uma família feliz, mas não esqueça o *principal*.

Transforme o amor em felicidade

O maior desafio que você, pai ou mãe, tem na vida é transformar todo o amor que sente por seus filhos numa experiência de crescimento mútuo.

Tenho certeza de que você ama infinitamente seus filhos, mas será que desenvolveu a capacidade de transformar esse amor em alimento para eles? Ou será que o amor que você sente por seus filhos está alimentando suas próprias expectativas, que eles terão de carregar por toda a vida?

Geralmente, o amor dos pais pelos filhos não consegue criar adultos felizes. Muitos pais se sacrificam a vida inteira, mas todo esse sofrimento, infelizmente, não ajuda os filhos a se tornarem pessoas autônomas.

É fundamental que seu amor e sua dedicação aos filhos façam deles pessoas felizes e capazes de realizar-se. Muitos pais reclamam das atitudes dos filhos, mas não se dão conta de que tudo o que eles fazem quando adultos aprenderam durante a infância, na família, observando o comportamento dos pais.

De nada adiantará reclamar, no futuro, que seu filho não telefona, não diz para onde vai, não dá notícias. Certamente você terá sido uma mãe superprotetora que não o ajudou a aprender o significado da responsabilidade.

De nada adiantará também brigar com sua filha porque ela não sai de casa e vive imaginando o pior. Provavelmente você terá falado tanto dos perigos do mundo que ela se acomodou dentro de casa, procurando uma redoma protetora.

Muitas pessoas reclamam que os filhos são egoístas, que não têm o mínimo respeito pelos outros, mas se esquecem de que elas mesmas não ensinaram os filhos a ser responsáveis com os sentimentos dos outros.

Muitos pais se sentem sobrecarregados porque os filhos não assumem responsabilidades, mas esses mesmos pais se esquecem de que eles os superprotegeram durante toda a vida, e os filhos, como é lógico, ficaram acostumados com o fato de os outros tomarem conta deles. Não aprenderam a trabalhar para realizar seus objetivos. Continuam agindo como bebês que simplesmente choram para receber a mamadeira na boca.

Talvez seus filhos estejam vivendo uma adolescência complicada e você os culpe pelas decisões equivocadas que estão tomando. No entanto, a verdade é que eles são fruto do ambiente que você mesmo criou para eles.

A maioria absoluta das loucuras que vemos em nossa sociedade tem origem no contexto familiar. O pior, porém, é que as pessoas, em vez de olhar para as causas, procuram atacar as conseqüências, o que não resolve nada.

Mas, por pior que possa parecer a situação, não se desespere. Existe sempre uma solução! Como dizia minha mãe, somente para a morte não temos remédio. Há solução para tudo, e o primeiro passo para encontrá-la é tomar consciência de como você alimentou os problemas que está enfrentando e assumir o compromisso de mudar.

A raiz de todos os problemas está nos pais que agem sem pensar nas conseqüências de suas ações. Mas quando uma família tem sabedoria em seus relacionamentos todos crescem, e surgem saídas.

Educar de verdade dá trabalho, e muitos pais preferem o caminho mais fácil apenas para evitar as dificuldades do presente. Mas é aí que estão o perigo e o começo dos verdadeiros problemas do futuro.

Apesar de todas as orientações que ouvimos para que haja mais diálogo na família, a maioria dos pais continua educando seus filhos para serem obedientes. E sabe por quê? Porque é mais fácil tomar conta de filhos submissos. Os pais criam filhos obedientes simplesmente para não ter problemas. Mais tarde, porém, esses filhos se tornam pessoas que não se sentem donas de suas vidas. Os pais não se dão conta de que o filho treinado para sempre dizer *sim*, na hora em que rolar coca na festa (espero que você saiba a qual coca eu estou me referindo), não conseguirá dizer *não* e acabará usando a droga para ser bonzinho com o amigo. Não aprendeu a argumentar, a expor suas idéias e convicções.

A filha que você quer que sempre diga *sim* a você depois não conseguirá dizer *não* quando o rapaz a forçar a acompanhá-lo ao motel. O *não* dela é fraco porque sempre foi treinada a dizer *sim*.

Esses filhos que sempre aprenderam a obedecer não têm forças para procurar o presidente da empresa e denunciar uma falcatrua que está ocorrendo em seu departamento (afinal de contas, sempre aprenderam que não deviam meter o bedelho onde não fossem chamados).

É na família que se formam os futuros empreendedores e também os acomodados.

É na família que se formam os cooperativos e também os egoístas.

Se você realmente quiser mudar um país, comece mudando a sua família. Se quiser realmente mudar sua família, mude sua forma de ser e agir.

Educar um filho hoje é muito mais complexo do que há dez anos. Portanto, todos nós temos de refletir sobre maneiras de compartilhar a vida com nossos filhos. Revistas e livros nos ensinam a criar o encantamento de nossos clientes, mas o que realmente cria a nossa felicidade é saber encantar os nossos filhos.

Os problemas estampados todos os dias nas manchetes dos jornais, como a gravidez e os abortos entre adolescentes, as drogas, o desemprego, o fraco desempenho nos estudos, fazem com que os pais se questionem sobre a maneira de educar os filhos. A única saída é evoluir como pessoa para conversar de forma construtiva dentro da família. A maior parte das pessoas quer ser admirada pelo mundo e se esquece de que o carinho que verdadeiramente aquece o coração é ser admirado pelos filhos.

Precisamos ter a coragem de acreditar em nossos filhos, em sua capacidade de evoluir e, principalmente, ter a humildade de aprender com eles. Quando um filho descobre quanto é importante para os pais, sua auto-estima se fortalece, e ele ganha segurança para enfrentar os desafios da vida.

Acredite que sua filha tem tanto a lhe ensinar quanto você a ela. Tenho certeza de que, conhecendo-a, você saberá dar a ela o que ela realmente precisa. Acredite que seu filho pode ser seu mestre, e você também saberá transmitir-lhe tudo o que aprendeu.

Talvez você esteja lendo este livro antes de seu primeiro bebê nascer ou no dia do casamento de sua filha. Não importa em que momento você começa a pensar nesse tema. O fundamental é ter claro, agora, que o vínculo que você tem com seus filhos é eterno e, portanto, toda evolução será sempre bem-vinda. E, principalmente, que a vida sempre nos dá uma nova chance de mudar e viver mais plenamente.

Eterno aprendiz

Pai, você sabia que as pessoas têm duas vidas?
Uma aqui na Terra e outra no céu.
A do céu é chata porque lá a gente vira anjinho
e só fica voando.
Aqui é que é legal, porque a gente pode andar de
bicicleta, jogar bola e brincar bastante.

Arthur S., 4 anos

Os filhos são mestres que a Existência nos envia para que tenhamos novas oportunidades de aprendizado e renovação.

O verdadeiro crescimento se dá quando pais e filhos estão abertos para o aprendizado, quando quem ensina sabe que, em sua tarefa, existe sempre a grande oportunidade da descoberta.

Não existe mais espaço para os donos da verdade!

Quantos pais destroem o relacionamento com os filhos por querer impor suas idéias o tempo todo e não consideram até que ponto essas idéias fazem sentido para eles?

Quando você quiser dizer alguma coisa a sua filha, pergunte a si mesmo se ela está aberta para ouvir, se aquele é o melhor momento para conversar e, principalmente, se ela não tem uma proposta melhor que a sua.

Apenas a abertura para o aprendizado e a postura de procurar a integração poderão criar um ambiente favorável em que as palavras dos pais serão ouvidas pelos filhos com o coração.

Conta uma história árabe que dois discípulos faziam suas preces, um deles numa ilha e o outro na margem de um rio. Este começou a ficar incomodado porque, ouvindo a oração do colega, percebeu que ele não estava pronunciando corretamente as palavras. Pegou então um barco e atravessou o rio. Quando chegou à ilha, disse:

— *As palavras certas da oração são* Allá'u Alkabar, *que significam "Deus é grande". Como você está rezando não tem sentido. E, se continuar a pronunciar as palavras de modo errado, nunca conseguirá nada.*

O outro agradeceu. Entrando em seu barco, o homem que trouxe o ensinamento começou a remar de volta, com o coração alegre pela boa ação que fizera. De repente, ouviu um chamado:

— *Ei, por favor, você pode me ensinar de novo as palavras corretas? Eu esqueci!*

Ele olhou para trás e viu o outro discípulo caminhando sobre as águas, vindo em sua direção...

Quem ensinou a quem?
Muitas vezes nossa arrogância provoca a ilusão de que já sabemos tudo, atitude que nos faz perder a oportunidade de aprender algo importante para nossa vida.

Companheiros de viagem

Às vezes, imagino a vida como uma viagem de trem feita com companheiros que a compartilham em determinados trechos.
Quando nasci, entrei no trem em que estavam meus pais. Eles já conheciam algumas coisas sobre a viagem e sobre o trem. Certamente, parte de seus conhecimentos correspondia à verdade e outra parte não passava de ilusão.
No meio de minha viagem, nasceram meus filhos. A essa altura, eu também já conhecia algumas coisas a respeito da viagem e do trem. Igualmente, parte era verdadeira e parte ilusória.
Há algum tempo meus pais deixaram o trem e, com sua partida, mudou a maneira de fazermos a viagem. Mas o trem continuou...
Quando juntos, cada um dos companheiros de viagem faz suas descobertas e procura passá-las aos outros sabendo que a riqueza da luz se amplia quando é compartilhada.
Pais e filhos, somente companheiros. Nem guias nem professores, muito menos proprietários...
Pais e filhos, o maior e mais belo encontro da vida, cúmplices no ato de aprender a desvendar os mistérios de cada um, amigos nas transformações, pois este é um dos grandes segredos da vida: quase tudo é provisório!
O que hoje nos sacia amanhã pode não mais servir.
De definitivo, somente os filhos e, por conseqüência, os pais: definitivo e eterno amor.

No meio das ondas do ato de viver
e dos percursos das nuvens ao buscar,
definitivos e eternos,
simplesmente
companheiros de viagem!

Viva o encontro

Você me diz que seus pais não entendem você.
Mas você não entende seus pais.
Você culpa seus pais por tudo.
E isso é absurdo.
São crianças como você.
O que você vai ser quando você crescer?

Renato Russo

Está mais do que na hora de derrubar os muros de Berlim das relações humanas para nos sentarmos frente a frente, olhando-nos nos olhos, com os espíritos desarmados, e procurarmos nos unir em torno de uma proposta de crescimento comum, através da compreensão e da aceitação do outro.
O outro não é um inimigo, alguém que, diante de qualquer descuido, pode nos destruir. Representa, pelo contrário, uma oportunidade de descobrirmos nossas virtudes e fraquezas, o que é a base para encontrarmos o caminho da realização afetiva.
Cada pessoa, seja ela nosso filho, parceiro, sócio ou amigo, nos traz o desafio de crescer com a convivência.
Está dentro de cada um de nós a capacidade e a responsabilidade por nossa realização pessoal. Não tem mais sentido os pais culpa-

rem os filhos por uma vida infeliz nem os filhos responsabilizarem os pais por não conseguir realizar suas metas de vida.

Se você costuma dizer frases do tipo:

"Eu não pude estudar (ou trabalhar fora) porque você nasceu";

"Se não fossem meus filhos, eu teria tido sucesso";

"Eu não consigo me realizar porque meus pais não me amaram";

"Com o chefe que tenho não é possível fazer um bom trabalho";

é hora de perceber que viver num eterno clima de reclamação só fará os outros sentirem pena de você... Ninguém admira pessoas que jogam nos outros a culpa pelo seu fracasso. Todo mundo enfrenta os próprios problemas e não tem tempo para ouvir a ladainha alheia.

Nem os pais, e muito menos os filhos, podem ser desculpa para a infelicidade de ninguém.

Pode ser que seus pais não lhe tenham dado na infância o que você realmente precisou, mas você deve perceber que fizeram o melhor, fizeram tudo o que podiam e sabiam fazer.

Seus pais lhe transmitiram não somente o que aprenderam com os pais deles mas sobretudo o que fizeram consigo mesmos. Ensinaram valores que também limitavam suas vidas, e talvez eles mesmos tenham sido prisioneiros do medo e da solidão.

Tampouco seus filhos podem ser responsabilizados pelas decisões que você tomou. Se não foram as melhores, somente a você, agora, cabe dar a sua vida o rumo que considerar melhor. Os filhos dão trabalho. Talvez você tenha adiado a realização de algumas metas para lhes dar mais atenção, mas não deve transformar isso numa desculpa para sua frustração.

A cada um compete aprender a cuidar bem de si mesmo, satisfazer as próprias necessidades e, principalmente, realizar as mudanças necessárias para que determinadas características de personalidade não continuem a ser transmitidas de geração a geração, como uma doença genética.

Viva em paz com seus pais

O primeiro passo para ser uma mãe ou um pai legal é estar em paz com os próprios pais. A relação que você tem (ou teve) com seus pais influenciará a atual relação com seus filhos.

Antes de você mergulhar na análise do tipo de mãe ou pai que tem sido ou quer ser, é importante analisar que tipo de pais você teve e que tipo de filho ou filha você foi para seus pais. A importância disso está no fato de que temos a tendência de repetir com nossos filhos o que vivemos com nossos pais.

Se você deixa que seus pais invadam sua vida, é bem provável que se sinta no direito de invadir a vida de seus filhos.

Se você se sente culpado por não viver para cuidar de seus pais, provavelmente vai estimular seus filhos a se sentirem responsáveis por sua felicidade.

Se seus pais querem, como avós zelosos, educar seus filhos em seu lugar, é fundamental que você saiba impor os limites adequados para que seus filhos tenham uma educação coerente. Afinal de contas, bolo em que todo mundo põe a mão não cresce!

Se você faz questão de manter seus pais distantes de sua família, possivelmente dará a seus filhos a orientação implícita de que pais são problemas a evitar.

Se você não deixa que seus pais se aproximem de seus filhos, está tirando de seus filhos a oportunidade de conhecer suas origens e sentir-se pessoas mais sólidas e consistentes.

Se você sente mal-estar quando pensa em seus pais, está na hora de mergulhar em uma viagem interior para descobrir por que isso ainda está acontecendo.

Viver em paz com os próprios pais é o início da viagem de um pai amoroso e bem estruturado.

É comum na adolescência e no começo da vida adulta que nos afastemos dos pais. Queremos aprender a andar com as próprias pernas. Nesse período, todos querem fazer as coisas à sua maneira, querem cometer os próprios erros. Isso é normal e faz parte do desenvolvimento psicológico do indivíduo.

Mas, infelizmente, muitas pessoas não conseguem realmente evoluir de maneira a entender os pais e criar com eles um relacionamento adulto, em que ambos os lados sejam amigos e conversem sem que um queira dominar o outro.

Esse distanciamento acaba por prejudicar o amadurecimento da pessoa porque o ciclo afetivo fica interrompido.

O outro lado...

Desde a adolescência, eu brigava muito com meu pai. Parecia que a principal razão de minha vida era contrariá-lo.

Um dia, meu terapeuta disse que já era tempo de mostrar gratidão por tudo o que meu pai havia feito por mim em vez de brigar como um rebelde sem causa. Concordei e assumi o compromisso de lhe falar do meu amor na primeira vez que nos encontrássemos.

E isso aconteceu num fim de semana, em sua casa. Eu já estava lá, sozinho, quando ele chegou. Almoçamos juntos, e cada vez que o chamava para iniciar a conversa não conseguia e mudava de assunto.

— *Pai...*

— *Que é?*

— *Passe o sal, por favor.*

— *Pai...*

— *Que é?*

— *Passe a salada.*

Quando terminamos o almoço, ele foi dormir e prometi a mim mesmo que falaria assim que acordasse.

Ao se levantar, como sempre, foi cuidar do galinheiro. Eu o acompanhei.

— *Pai...*

— *Que é?*

— *Passe o martelo.*

Lanchamos juntos e o assunto continuava travado em minha garganta. Como era difícil falar de amor a uma das pessoas a quem eu mais amava!

Como era difícil mostrar sensibilidade depois de tanto tempo tentando demonstrar frieza!

Quando ele estava para sair, percebi que não poderia adiar mais. Pedi, então, que se sentasse e comecei a falar de toda a gratidão que sentia pelo que fizera por mim. À medida que falava, lágrimas começaram a rolar, o choro correu solto e aflorou uma súbita compreensão de sua maneira de me amar ao longo dos anos.

Nessa época, eu cursava a faculdade de Medicina. Já estava em condições de me sustentar, e por isso havia dispensado a mesada que recebia. Para minha surpresa, meu pai me interrompeu:

— *Filho, se você está precisando que eu volte a lhe dar dinheiro, tudo bem, não tem problema, a gente se aperta e acaba dando um jeito.*

Fiquei atônito. Com raiva, concluí que ele não compreendia o amor que eu sentia e só pensava em dinheiro.

Meu terapeuta convenceu-me de que fizera a minha parte. Eu já deixara de ser prisioneiro de meu passado. O comportamento de meu pai representava a maneira que ele escolhera para viver, e não uma forma de me contrariar.

Alguns meses depois, num sábado, ficamos novamente juntos, almoçamos, ele dormiu, cuidamos do galinheiro, lanchamos, meu pai se aprontou e nos despedimos. Ele tirou o carro da garagem. De repente, ouvi a buzina de seu carro, como se me chamasse. Fui até a janela da casa, e ele acenou para mim. Aproximei-me do carro, meu pai abriu o vidro e me disse:

— *Sabe, filho, aquilo que você disse naquele dia foi a coisa mais importante da minha vida.*

Ao completar a frase, engatou a marcha e saiu voando...

Surpreso, eu me dei conta de quanto deve ter sido difícil para ele abrir o coração e aceitar minha declaração de amor. Meu pai teve uma vida muito difícil, pois ficou órfão aos 7 anos de idade, teve de trabalhar desde cedo para sobreviver e certamente aprendeu a esconder a sensibilidade para não sofrer.

Tenho certeza de que, para ele, dar-me todo o conforto e oportunidades de estudar foi a forma de mostrar quanto se importava comigo. No fundo, porém, o que nós dois tínhamos vontade de fazer era trocar um forte abraço de pai para filho...

Depois daqueles dias em que pudemos demonstrar nosso afeto, deixamos cair as barreiras que escondiam nossos sentimentos. Nunca mais nossas vidas foram as mesmas. A partir daquele momento, abrir o coração deixou de ser proibido.

Aceite um conselho: não perca a oportunidade de dizer *eu amo você* a seus pais.

Quantas pessoas cujos pais já morreram se arrependem de não ter dado um beijo nos velhos? Viveram adiando o grande momento e, um dia, descobriram que não havia mais tempo.

Abra seu coração mesmo que você se sinta ridículo, mesmo que eles no começo estranhem sua atitude e perguntem se você está precisando de dinheiro. Não fique contrariado. Afinal, será mais uma coisa que teremos em comum.

Faça as pazes com seu passado. Essa é a única maneira de você viver em paz consigo próprio e não deixar que as carências do passado definam suas ações no presente.

Se seus pais estiverem vivos, vá visitá-los o mais breve possível, bata um papo com eles, lembre com eles histórias do passado e, se for o caso, agradeça-lhes tudo de bom que fizeram por você.

Se estiverem mortos, vá até o túmulo deles, leve uma flor bonita, sinta sua presença espiritual, converse com eles e fale de sua saudade. Diga-lhes que gostaria que estivessem por perto para comemorar juntos as vitórias que você está conseguindo.
Somente quando ficar em paz com seus pais você poderá verdadeiramente assumir sua vida e entregar-se a seus filhos.

Você é filho de sua mãe,
mas não é ela.
Você é filho de seu pai,
mas não é ele.
Você é continuação da criança
que um dia foi,
mas não é ela.
Você é pai/mãe de seu filho,
mas você não é ele.
Deixe o passado no seu lugar
e encontre um jeito de ser você.

Abandone o que não serve mais

Sabe por que quase todos são melhores avós do que foram pais? É que o tempo lhes mostrou que algumas das verdades em que acreditavam cegamente causaram sofrimentos inúteis e, compreendendo melhor como a vida funciona, eles mudaram seus pontos de vista.
Quando os pais iniciam a educação dos filhos, geralmente estão entre 20 e 30 anos. Nessa idade, ainda buscam a auto-afirmação e por isso, normalmente, passam mensagens para as crianças que atuam como ordens. Eis alguns exemplos:

"Só é respeitado quem tem um doutor na frente do nome".
"Você tem de ser sempre o melhor".
"Você não pode deixar ninguém dominá-lo".
"Cuidado porque as pessoas vão querer enganar você".

Passados alguns anos, e após muitas frustrações, freqüentemente os pais mudam sua maneira de ver. Percebem que muitas de suas idéias eram falsas e procuram opções saudáveis de vida. O problema, no entanto, é que, apesar dessas mudanças, os filhos continuam seguindo as orientações que receberam deles no passado.

O pai que dizia à filha para não confiar em ninguém descobre que ela não consegue estabelecer uma relação afetiva gratificante.

A mãe que incentivava o filho a ser sempre o melhor percebe que ele não desfruta a vida nem tem amigos, pois sempre encara as pessoas como adversárias.

Os pais se arrependem quando vêem que os filhos seguiram aquelas antigas instruções nascidas de sua própria insegurança. Mas ficam sem coragem de pedir desculpas pelas orientações que deram no passado e não criam a oportunidade de os filhos evoluírem também.

Se você percebe que seu filho tem problemas gerados por orientações com as quais você já não concorda, é bom ter a grandeza de compartilhar humildemente com ele seu arrependimento por haver transmitido tais mensagens e, se for o caso, pedir perdão.

Muitas pessoas passam a vida simplesmente seguindo orientações que receberam na infância, como se fossem maldições das quais não conseguem livrar-se. A mudança dos pais é uma das maneiras mais eficazes de ajudá-las em seu processo de libertação.

Dois jovens se casaram e seus pais ficaram muito amigos. Sempre se encontravam, viajavam juntos, tinham uma comunicação bem aberta. Quando o casamento dos jovens apresentou sérias dificuldades e eles pensaram em separar-se, os sogros ficaram preocupados. Começaram a conversar sobre o modo de os filhos se conduzirem e o estilo de casamento que tinham adotado. Então se deram conta de que os filhos repetiam as mesmas condutas deles, pais, quando eram mais jovens e viviam idênticos problemas de início de casamento.

Fizeram uma reflexão profunda, e um dia os quatro deixaram uma carta ao jovem casal. Nessa carta, cada um deles assumia a responsabilidade pelas mensagens negativas que enviara e falava das frustrações que tais condutas haviam causado em sua vida. A mensagem terminava mais ou menos assim:

"É muito triste ver vocês repetirem coisas que nós fizemos e ensinamos a vocês na infância. Foram coisas que não deram certo e nos fizeram sofrer. Nós amamos vocês e torcemos para que encontrem agora o seu próprio jeito de amar".

Ter a humildade de reconhecer um erro é o primeiro passo para resolver verdadeiramente um problema.

Apresente a vida e o mundo a seus filhos

Quem morou no exterior conhece os desafios de adaptar-se a um novo país: a língua que geralmente não se domina, os valores de outra cultura, os costumes diferentes, as reações inusitadas das pessoas, a descoberta de lugares interessantes e outros a serem evitados, os meios de locomoção, entre outros.

O processo de integração de um recém-nascido ao mundo assemelha-se à adaptação em um país exótico e distante. O novo ser humano precisa adaptar-se e aprender a viver com regras e valores já estabelecidos e relacionamentos já estruturados. E, pior, vê-se cercado de gigantes que se comunicam emitindo sons estranhos e muito parecidos (depois ele descobrirá que se trata da língua). Dependendo do que ele faz, esses gigantes sorriem ou ficam bravos, e às vezes até gritam.

A criança também tem reações e necessidades que ela mesma precisa conhecer e com as quais deve aprender a lidar: são as carências, que cessam com alimento, carinho, sono ou colo. Ela se descobre em um mundo cheio de acontecimentos que às vezes têm lógica e outras não. Percebe-se dentro de um universo que necessariamente tem de compreender, pois não há chance de voltar a seu "país de origem".

Ser pai de uma criança é apresentá-la a si mesma e ao mundo com carinho, atenção e respeito.

Existem anfitriões que convidam pessoas e depois as abandonam. Cicerones que não apresentam bem a cidade porque não conhecem os lugares.

Há outros que obrigam os visitantes a ir somente a locais de seu próprio interesse.

Mas há os que, com dedicação, mostram os lugares realmente interessantes, explicam os costumes vigentes e depois deixam as pessoas à vontade para descobrir sua maneira própria de ver a cidade ou o país.

Ser pai é apresentar ao convidado não só o mundo e as pessoas mas também ele mesmo — seus sentimentos, seu jeito de ser, de agir — e depois, respeitosamente, deixá-lo escolher a melhor maneira de curtir sua viagem no planeta.

Que tipo de anfitrião você tem sido? Espero que sua meta seja mostrar a seu filho os diferentes aspectos do mundo e respeitar-lhe o direito de escolher o melhor caminho.

A bênção de ter filhos

Você já parou para pensar no significado de ter seus filhos?
Dê algum tempo a você, pegue uma folha de papel e escreva algumas das razões para ser pai ou mãe.
Pais que não compreendem o sentido da existência dos filhos em sua vida podem desperdiçar as dádivas de tê-los como companheiros de viagem.
Ter um filho representa, acima de tudo, receber uma missão e uma grande oportunidade.

A missão:
Dar amor e estrutura ao novo ser para crescer. Saber educá-lo com carinho e disciplina para ajudá-lo a conquistar a autonomia.

A oportunidade:
Resgatar a espontaneidade perdida. Na companhia dos filhos, podemos recuperar a alegria de viver.

Existem pais que somente querem disciplinar e acabam criando filhos que não sabem desfrutar a vida...
Existem pais que somente sabem brincar e criam filhos sem capacidade de dirigir a própria vida...
Pais que só querem saber de curtir a infância com os filhos estão fugindo de sua missão de educadores.
Pais que só querem dizer o que o filho tem a fazer perdem a oportunidade de reaprender a viver.
Buda disse: *"Se as cordas da guitarra forem muito esticadas elas estouram, mas se estiverem frouxas ela não toca".*
A educação verdadeira estica a corda para o filho poder tocar a doce melodia da vida, mas a verdadeira sintonia impede que você vá além do ponto e arrebente a capacidade de seu filho crescer.

Por isso, lembre-se: ser pai ou mãe de verdade é educar com alegria de viver.
Esse é o começo, o meio e o fim de nossa viagem!

Pais problemáticos

Segundo o psicólogo norte-americano Stephen Karpman, quando as pessoas não aprendem a crescer juntas desenvolvem personagens negativos que atrapalham sua vida.
Perseguidores, Salvadores e Vítimas são personagens negativos das pessoas que dedicam muito mais energia a criar problemas que a desenvolver relacionamentos construtivos.
Será que você está perseguindo seu filho, sempre no desejo de encontrar defeitos nele para se sentir superior?
Será que você é um pai superprotetor que não acredita na capacidade de seu filho de assumir o controle da própria vida?
Será que você se coloca na posição de vítima, ensinando seu filho a viver reclamando e criando desculpas para o fracasso?
Nenhum desses papéis corresponde à sua capacidade de assumir, como pai ou mãe, seu lugar de companheiro de viagem do filho.

Pais Perseguidores exigem tanto dos filhos que acabam estourando as cordas.
A rigidez pode transformar o pai no Perseguidor que vive apontando defeitos e corrigindo os filhos. Esse tipo de pai acredita que a única maneira de ajudar o filho a crescer é pressionar e exigir perfeição. Para se sentir no direito de apontar os erros dos outros, consideram-se perfeitos e fogem a qualquer tipo de autocrítica. O restante do mundo está aí para ser corrigido. São pessoas que nunca relaxam e provocam na vida dos entes queridos uma tensão contínua.

Os pais Perseguidores querem mostrar que estão sempre certos e que o filho está sempre errado. Consideram-se os donos da verdade e da virtude. Criam filhos assustados, que se sentem constantemente vigiados e vivem com medo de ser surpreendidos e criticados.

Pais Salvadores superprotegem os filhos e impedem que sua corda se estique ao ponto em que os filhos possam tocar a música da sua vida.

Eles querem ser a fonte eterna de afeto e compreensão dos filhos e fazem deles seres mimados que, mais tarde, se sentirão perdidos diante do menor obstáculo. Filhos que não andam sobre as próprias pernas desconhecem sua capacidade de superar desafios e não aprendem a ir além das suas limitações.

Não se confunda afeto com superproteção. Enquanto o primeiro favorece o crescimento, a segunda aniquila a motivação para crescer, castra a capacidade de autonomia e inibe a conquista da liberdade. Ser pai não é eliminar os obstáculos da vida dos filhos, mas oferecer-lhes ajuda para que desenvolvam a capacidade de superá-los.

Pais Vítimas do destino não conseguem tocar sua música pessoal e vivem querendo ensinar aos filhos que a realização pessoal é um sonho impossível.

São pessoas que se colocam como Vítimas, pois se sentem injustiçadas e desamparadas. Não conseguem dar um sentido de realização à própria vida. Estão sempre culpando os outros por seus fracassos.

Os pais Vítimas precisam aprender que cada pessoa tem dentro de si a capacidade de estabelecer metas e de atingi-las. Muitas vezes, o maior obstáculo está em complicar os próprios problemas para poder reclamar bastante da vida.

Quando os filhos recebem o afeto e a estrutura de que necessitam, podem transformar-se em adultos que se sentem amados e confiantes em si mesmos e na vida.

Se você se identifica com um pai Perseguidor, lembre-se de que seu filho não merece ser perseguido e tem potencial suficiente para administrar a própria vida e ser feliz.

Seu filho também não precisa ser salvo porque tem condições de lutar por seus objetivos de vida.

Seu filho merece ter um pai do qual se orgulhe.

Reaprenda a viver

Muitas pessoas abrem mão da sensibilidade e da alegria para cumprir um papel que a sociedade lhes impõe. Ficam tão fixadas nessas metas que esquecem que tão importante quanto alcançar o objetivo da viagem é aproveitar a delícia de viajar. **Nossos filhos têm a força de nos fazer recordar o que fomos um dia e nos convidam a reaprender a alegria de viver.**

Alguns pais só pensam na missão de cuidar dos filhos e perdem a oportunidade de se contagiar com a energia deles e resgatar certos valores perdidos, como a capacidade de se emocionar com pequenas coisas, a alegria de um sorriso descontraído, o espanto diante de uma nova descoberta ou a simplicidade de um choro espontâneo, sem medo do que os outros possam pensar.

Se você não estiver aberto para se deixar contagiar pela maneira de ser de seu filho, ficará irritado com sua alegria e se sentirá agredido com sua espontaneidade.

A liberdade e a espontaneidade freqüentemente causam mal-estar porque revelam às pessoas próximas quanto deixam de cuidar realmente de suas vidas.

Como o pai poderá curtir bons momentos com o filho se sua vida tem sido um acúmulo de tensão e angústia?
Como a mãe vai compartilhar a beleza de um pôr-do-sol se sua vida tem sido marcada pela escuridão e pelo medo?
Como aceitar que os filhos façam a descoberta da sexualidade se você ainda é prisioneiro da idéia de que sexo é pecado?
No entanto, os pais podem recuperar a espontaneidade quando se propõem a aprender junto com os filhos, como se fossem analfabetos que aproveitam a alfabetização do filho para também aprender a ler!
A opção de ter um filho deve vir acompanhada da decisão de questionar a própria vida e da disposição de se atualizar permanentemente, sobretudo em relação a crenças e sentimentos.

Educar dá trabalho

Muitos pais confundem amar com mimar e por isso fazem tudo o que os filhos querem pensando que assim manifestam o carinho que sua missão exige. Não percebem que amar é educar, e não simplesmente dar aquele sorvete de chocolate às onze horas da noite para que o filho pare de chorar.
Pais que limpam o bumbum do filho de 3 anos porque acham que ele não vai saber limpá-lo direito não ajudam esse filho a conquistar a autonomia. Talvez a mãe superprotetora venha dizer: *"Mas, Roberto, se eu não limpar vai ficar sujo"*. O máximo que pode acontecer se ficar um pouco sujo é haver uma assadura, mas se não aprender desde agora a cuidar de si próprio o filho terá no futuro problemas bem mais graves. Estará sempre dependendo dos outros em coisas que lhe cabe fazer.

Os pais que sabem amar e educar não se assustam com a cara amarrada do filho que, por exemplo, na véspera da prova não foi autorizado por eles a passear. Esses pais sabem lidar com o mal-estar provocado pela chateação do filho, pois estão cientes de que o mais importante é sua formação para a vida.

Você está educando de verdade seus filhos?

Você está colaborando para que eles cresçam e saibam administrar a própria vida?

Quando os pais mimam seus filhos, contribuem apenas para que eles continuem a ser bebês de colo.

Conheço pais que perguntam o tempo todo ao filho se quer água ou se está com fome. Não percebem que essa excessiva preocupação com o filho não o ajuda a buscar a própria comida...

Mimar é cansativo, mas é muito menos trabalhoso que educar.

Mimar é fazer tudo o que a criança quer.

É ficar à disposição do filho o tempo todo.

É protegê-lo de tudo temendo que algo de errado aconteça.

É não permitir que o filho experimente algo novo.

É não agüentar que a criança chore quando está contrariada.

É dar um presente ao filho toda vez que precisa pedir-lhe alguma coisa.

É querer que o filho esteja sorrindo o tempo todo.

Tudo isso cansa os pais e enfraquece os filhos. As mordomias fazem o filho imaginar que o mundo é um palácio em que ele, sentado no trono, será servido por todos ao menor estalo de dedos.

Educar, por outro lado, é mais trabalhoso, mas cansa muito menos.

Os pais conscientes de que estão investindo no verdadeiro desenvolvimento dos filhos sentem-se mais firmes e mais seguros.

Educar é estimular a criança a agir por si própria.

É dar orientação para ajudá-la a desenvolver a autonomia e a responsabilidade.

É deixar que ela experimente a vida mesmo que tenha de arriscar-se um pouco.
É deixá-la viver, experimentar suas emoções, valorizar cada conquista.
É ajudá-la a superar desafios sem substituí-la nessa luta.
É conversar e conversar e conversar.
É escutar e escutar e escutar.
Educar é ver o filho aprender a subir a escada resistindo à tentação de levá-lo no colo.

Prefiro você correndo pelos jardins
atrás dos pássaros e do cachorro,
conversando despreocupadamente
com as pessoas,
sem querer convencer ninguém
nem ter medo de ser convencido por alguém,
aprendendo, sabendo ensinar,
ganhando sem querer acumular,
vivendo sem temer o amanhã,
elaborando sem remoer o passado.

Pois o que conta é o jeito como você vive a vida.
Muito mais do que se o aprovaram
ou aplaudiram,
se o admiraram ou seguiram;
muito mais do que mostrar-se aos outros,
o que vale é o jeito como você curte
as pessoas amadas...

Emoções

A estrutura emocional de seu filho começa a ser criada com base na maneira como você recebe as emoções dele. Será que você acolhe essas emoções com carinho e respeito?

No processo de crescimento, uma das principais expressões da vida são as emoções e os sentimentos. Saber lidar com essas energias é um dos grandes instrumentos para uma vida feliz.

Progressivamente, a criança vai percebendo que dentro do peito sente uma dor profunda cada vez que algo triste acontece com ela ou uma vontade de atacar alguém quando algum limite é imposto. Sente vontade de se encolher como um caramujo quando é atacada, às vezes sente falta de alguém e seu desejo é ficar juntinho dessa pessoa, sabendo que poderá ficar ali o tempo que quiser. Às vezes sente que o riso vem fácil, assim como a vontade de contar a alguém querido quando algo de bom acontece, mas também experimenta aquela vontade de fugir e ficar perto de alguém em quem confia quando se sente ameaçada. E assim por diante.

Infelizmente, a educação tem reprimido os sentimentos dos indivíduos, e raros são os pais que ajudam os filhos a conhecer a energia das emoções e a aprender a expressá-las com serenidade.

Muitos pais se sentem incomodados com as emoções dos filhos e procuram destruí-las ou mudá-las com censuras e afirmações que conhecemos bem.

"Homem que é homem não chora."

"Isso não fica bem para uma menina como você."

"Sua boba, você chora e ele nem liga."

"Faça como eu, que não me abalo."

"Agora não tenho tempo para você."

É com os pais que os filhos aprendem a manifestar os próprios sentimentos e, portanto, é inevitável que valorizem mais a tristeza se os pais são depressivos, o medo se os pais estão sempre assustados, a raiva se estão sempre brigando e o amor se eles se tratam carinhosamente.

Em geral os pais tendem a valorizar mais determinadas emoções e a desprezar outras, criando assim um estilo de vida que não estimula os filhos a expressá-las.

Como podem pais frios permitir à criança expressar seu afeto ou alegria?

Como pais que sempre reclamam da vida saberão estimular a alegria?

Como pais excessivamente formais poderão aceitar a raiva dos filhos?

Como pais ausentes ajudarão seus filhos a expressar qualquer uma de suas emoções?

Quando a criança percebe que suas emoções incomodam os pais, acaba por escondê-las. O problema é que a emoção não compartilhada vai manifestar-se de outras formas, geralmente negativas. Problemas de aprendizado, distúrbios do sono ou alimentares e dificuldades de relacionamento são maneiras pelas quais as pessoas mostram a existência de emoções que não estão sendo compartilhadas.

Se por exemplo uma criança está sentindo tristeza pela separação dos pais e não recebe proteção deles para compartilhá-la, guardará essa tristeza só para si. O problema, porém, é que esse sentimento causará devaneios, e ela acabará não prestando atenção nas aulas. A partir do momento em que seus pais souberem escutá-la e ela puder falar de sua dor, de seu medo e chorar sua tristeza, sentirá a proteção deles e voltará a ter a cabeça livre para estudar.

As emoções mais comuns nas pessoas são alegria, afeto, tristeza, medo e raiva.

Cada uma dessas emoções requer dos pais apoio para ser compartilhada.

Nas situações de medo e tristeza, a criança precisa de proteção. Colo e conversa ajudam os filhos a sentir-se protegidos para expressar essas emoções.

A criança precisa ter permissão para manifestar a raiva, sem contudo machucar ninguém. Expressando seu incômodo, a criança aprende a se defender e apresenta seus limites para que as pessoas aprendam a respeitá-los.

A criança precisa ainda ser estimulada a compartilhar seu afeto e sua alegria. Quando os pais comungam esses sentimentos com os filhos, todos podem amar e se sentir felizes.

As agressões deixam cicatrizes

Infelizmente, ainda existem pais que batem em seus filhos ou os agridem verbalmente xingando, humilhando ou abalando sua autoestima. E o mais absurdo: há pessoas que acham isso normal.

Atitudes como essas causam dores irreparáveis.

Há os que agridem e se arrependem depois, pedindo desculpas. Acham que se arrepender e pedir desculpas resolve o problema. Engano. Não percebem que pedir desculpas não é suficiente para curar o medo, a rejeição e a dor provocados pela agressão. Os filhos vão se afastando dos pais, ficam receosos, e a convivência torna-se insuportável.

Esses pais precisam perceber que as marcas da violência permanecem para sempre.

Conheço uma história que nos ajudará a compreender o que acontece em situações de agressão dentro de casa.

Um homem tinha um filho muito nervoso, cuja impulsividade fazia com que gritasse e humilhasse as pessoas. O menino tinha consciência da importância de aprender a controlar sua agressividade, suas reações intempestivas. No entanto, por mais que tentasse, não conseguia controlar as explosões. Um dia, o pai lhe disse:

— *Filho, vamos criar um método para você observar suas reações e controlar esses impulsos que acabam atrapalhando sua vida.*

Dito isso, pegou um martelo, uma caixa com pregos e completou:

— *Cada vez que você for agressivo com alguém, coloque um prego nesta madeira. Preste atenção, sua meta é conseguir ficar um dia sem explodir com ninguém.*

No primeiro dia, o menino pôs vários pregos. Nos dias seguintes, a quantidade foi diminuindo até que um dia ele não pregou mais nenhum.

Nesse dia, foi até o pai e disse:

— *Olhe, pai, eu estou feliz porque hoje não explodi com ninguém.*

O pai, muito contente, pediu ao filho que aumentasse sua meta para uma semana.

E assim fez o menino. Alguns dias não pregava nenhum, em outros tinha recaídas.

Até que, finalmente, conseguiu não colocar nenhum prego na madeira durante uma semana.

O pai, orgulhoso, pontuou:

— *Ótimo, filho, mas agora quero que você faça mais uma tarefa. Vá até a madeira, retire todos os pregos que colocou e traga-os de volta.*

O menino seguiu a ordem. Quando entregou os pregos, seu pai perguntou:

— *Filho, como está a madeira?*

Ao que ele respondeu:

— *Ficou toda esburacada.*

E ouviu então:

— *Meu filho, você pode tirar todos os pregos da madeira, mas não conseguirá reparar os danos que fez nela. Quando você machuca alguém, é como se espetasse um punhal nessa pessoa. Ao pedir desculpas, você retira o punhal, mas isso não significa que a pessoa não ficou ferida. A mágoa permanece por muito tempo.*

Se você é uma pessoa agressiva, cuide para não magoar o coração das pessoas que ama. Antes de agir impulsivamente, tenha em mente que as feridas repetidas não cicatrizam. Seu filho, aparentemente, perdoará você, mas no fundo do coração se sentirá revoltado. E ninguém que sinta revolta consegue amar de verdade.

É claro que você pode pedir desculpas, e certamente ele dirá que está tudo bem, mas depois de algum tempo o medo se transformará em raiva.

Infelizmente, as pessoas que agridem os filhos são também as que vivem estressadas e se sentem impotentes para mudar sua vida. Por isso descarregam nos filhos toda a sua incapacidade.

Cuide melhor de você e, se for o caso, procure um terapeuta. Deixe o coração limpo para que seu filho não se transforme numa válvula de escape...

A conquista da autonomia

Ser pai ou mãe é ajudar o filho a tornar-se dono da própria vida. Ser mãe ou ser pai é tornar-se dispensável na vida da filha ou do filho. Quanto mais seu filho depender de você, menos capacidade terá de viver com autonomia e responsabilidade.

Quando a criança nasce, é totalmente dependente dos pais. À medida que se desenvolve, sua necessidade de cuidados vai diminuindo, a dependência vai se tornando desnecessária, e tanto a criança quanto os pais podem cuidar de suas necessidades e de sua realização pessoal.

Existem pais que educam os filhos para ser crianças eternas... Não acreditam que os filhos tenham capacidade de cuidar de si mesmos e sempre os tratam como se fossem recém-nascidos. Alguns até mantêm apelidos como "Nenê" e "Júnior". Tais filhos infantilizados pensam que, para agradar os pais, precisam demonstrar que são e serão sempre dependentes. Mesmo adultos, vivem confusos e indecisos, sem jamais assumir a responsabilidade pela própria vida, e passam os anos esperando que outras pessoas decidam por eles. Desperdiçam seu tempo, estão sempre tentando começar alguma coisa que dê novo rumo a sua vida e raramente conseguem ter êxito ou autonomia.

Outros pais são supercarentes ou omissos. Desde cedo, começam a sobrecarregar os filhos com responsabilidades pedindo que cuidem do irmão menor, que ajudem nas tarefas domésticas ou sejam seus confidentes, entre outras coisas.

Esses pais criam os filhos para que cuidem deles. E os filhos se tornam pessoas infelizes que cuidam mais dos pais que de si mesmos. Sua infância fica abreviada e se convencem de que só serão valorizados quando cuidarem dos outros. São dominados pela angústia de se sentir responsáveis por tudo e por todos e acabam não aprendendo a cuidar de si mesmos.

Quando adultos, tendem a se transformar em pessoas que não sabem relaxar nem desfrutar a vida. Não conseguem compartilhar seus sentimentos, estão sempre correndo, vivem procurando defeitos nas pessoas, substituem afeto por sexo, trabalho ou drogas. Estão sempre querendo controlar e cuidar dos outros.

Tanto os indivíduos que não cresceram psicologicamente quanto os dominados pela necessidade de cuidar dos outros se tornam pessoas dependentes. Não sabem lidar com sua vida afetiva de maneira satisfatória e aprendem a manipular para conseguir o que querem.

É importante que os pais saibam respeitar as necessidades e a capacidade de seus filhos para que estes consigam desenvolver a autonomia e, ao mesmo tempo, saibam compartilhar a vida em relacionamentos profundos. Isso é alcançado quando há uma evolução saudável, em que o recém-nascido pode experimentar a dependência de pais amorosos, o adolescente sente-se livre para dar seu grito de independência e o adulto descobre sistemas cooperativos que possibilitam atingir a interdependência.

Como se consegue isso?

Respeitando a capacidade dos filhos de enfrentar e resolver os próprios problemas e também respeitando a infância deles, sem sobrecarregá-los com problemas que não lhes pertencem.

Sucesso

O sucesso de seu filho tem relação direta com a vocação que ele recebeu. Os pais precisam procurar também realizar a própria vocação para que o filho não tenha de carregar o peso da insatisfação paterna ou materna e pagar o preço dos sacrifícios que fizeram por ele.

Existe uma anedota — quero lhe pedir, por favor, que leia isso como uma anedota — que se baseia na idéia de as mães judias serem as mais controladoras que existem. Certamente é uma injustiça pensar assim porque existem mães exageradamente controladoras em todos os povos. A anedota que vou contar é sobre uma mãe judia que procurou determinar a carreira de seus filhos, mas acabou frustrada porque todos eles conseguiram seguir rumo diferente das orientações que receberam da mãe.

Ela conversou então com outras mães judias e descobriu que todas estavam igualmente insatisfeitas com as decisões de seus filhos. Chocada diante da infelicidade geral, pensou: *"Quando morrer, quero conhecer a Virgem Maria, mãe de Jesus Cristo, Rei dos Reis, Mestre dos Mestres. Certamente ela deve estar satisfeita com o caminho que seu filho seguiu".*

Quando morreu, a primeira coisa que a mãe judia fez no Paraíso foi procurar Maria. Ao encontrá-la, disse:

— *Maria, preciso lhe falar. Meus filhos não seguiram a carreira que determinei, mas a Senhora deve sentir-se a mãe mais especial do mundo. Como mãe de Jesus, Rei dos Reis, Mestre dos Mestres, a Senhora deve estar plenamente realizada!*

Maria, olhando para ela com uma expressão de total desapontamento, respondeu:

— *Eu também me sinto frustrada porque queria que Jesus fosse médico.*

De novo devo alertar que é só uma anedota, pois tenho certeza de que Maria é a mãe mais feliz do mundo, mas essa pequena história ilustra um fato que ocorre em muitas famílias.

Procure observar se dentro de você existe a tendência de querer que seu filho faça algo que não corresponde à vocação dele. Se encontrar essa tendência, aprenda a admirar seu filho do jeito que ele é. Admirando-o, o próximo passo será abençoá-lo no caminho que escolheu, na forma que ele encontrou para viver feliz.

Todos os pais desejam que seus filhos sejam bem-sucedidos, mas você já parou para refletir no que seu filho chama de sucesso? Talvez, para ele, sucesso não seja tomar conta da empresa que o pai fundou... Para a filha, quem sabe sucesso não seja tornar-se a cantora famosa que a mãe quis ser.

Para seu filho, ter sucesso provavelmente é algo muito diferente do que é para você. Se para você sucesso é ter muito dinheiro, para seu filho sucesso poderá ser dar aulas para crianças carentes e ajudá-las a se tornarem cidadãos plenos.

Para ser bem-sucedido é preciso saber antes o que se quer da vida. Uma pessoa que realiza o que os outros lhe impuseram pode atingir o sucesso e ser admirada pela sociedade, mas no fundo terá fracassado como ser humano.

Sucesso é a capacidade que a pessoa tem de realizar suas vocações. Portanto, sucesso possui significado distinto para cada pessoa. Por isso o primeiro passo para sentir-se pai de um filho de sucesso é respeitar sua vocação.

Em uma floresta, quando nascem, as plantinhas são todas muito parecidas. À medida que cada uma cresce, vai tomando sua forma e se realizando. Eu duvido que uma laranjeira sinta inveja da roseira porque esta produz flores perfumadas... Cada uma tem sua beleza e seus encantos.

A sociedade sempre quer definir o que é sucesso, e muitos pais sentem-se frustrados porque o filho não ganha tanto dinheiro quanto o primo... Aceite e curta a maneira que seu filho encontrou de realizar-se e pare de torturar-se porque ele não é o melhor aluno da classe.

Quando uma árvore é ainda uma plantinha indefinida, a maioria das pessoas não tem condições de dizer se se tornará uma frondosa mangueira, um belo arbusto ou um altivo pinheiro. Portanto, o que se tem a fazer é cuidar da terra, regar, tirar as ervas daninhas e deixar a planta seguir seu caminho sabendo que irá encontrá-lo.

Educar é desenvolver nos filhos o senso crítico para saber o que é realmente importante para eles e, a partir daí, aprimorar a capacidade de realizar seus objetivos.

Responsabilidade

Cada ser humano nasce com habilidade para reagir aos estímulos. A responsabilidade vem da junção de resposta e habilidade.

Se a criança tem fome, frio ou sede, faz barulho até que cuidem dela. Depois cresce. E, se sente fome, vai até a geladeira ou o fogão e ali encontra seu alimento.

Se está triste, chora.
Se está alegre, ri.
Sabe perceber suas necessidades e busca satisfazê-las.
Então começa o que chamam de educação:
"Não pode isso, não pode aquilo."
"Não fica bem para você."
"Imagine o que vão falar de você."
Aos poucos, a criança perde a espontaneidade, ou seja, cessa a habilidade de dar respostas, de reagir ao que acontece dentro e fora dela.
E a "educação" continua:
"Não faça isso, não faça aquilo!"
"Não fica bem para você!"
"Faça assim. Faça assado!"
"Imagine o que vão falar de você!"
Assim a criança vai perdendo a vontade de fazer as coisas.
Vai perdendo a paixão (isso, sim, é uma doença grave!).
Vai deixando a criatividade (nasce então um robô).
Vai reprimindo seus sentimentos.
Quando os pais percebem que a criança perdeu a resposta-habilidade, criam então a *responsabilidade*.
"Você tem que estudar!"
"Você tem que brincar com seu filho!"
"Você tem que curtir com seu esposo!"
"Você tem que se entregar à sua mulher!"
Tudo o que podia ser feito por paixão vira obrigação.
Educar é criar condições para que a criança faça suas descobertas pessoais sem perder a espontaneidade.

Simplesmente bons pais

Ser bons pais significa ser pais humanos.

Muitos pais destroem sua paz e a dos filhos por querer ser perfeitos e educar filhos perfeitos. Têm sempre a resposta perfeita na ponta da língua e pensam agir sempre perfeitamente, o que lhes dá o direito de viver corrigindo os filhos.

No entanto, não existem nem pais nem filhos perfeitos. Essas pessoas se torturam a vida inteira, pois cobram de si mesmas e dos filhos algo impossível de conseguir.

Para elas, a angústia e a tensão são companheiras constantes.

Somente Deus é perfeito, e nós somos seres em busca da evolução.

Pais que querem ser perfeitos causam quase tantos danos aos filhos quanto pais omissos, porque os filhos muitas vezes se sentem impotentes para realizar as exigências dos pais.

Aceite a você e aos outros como são. Dê a si mesmo espaço para fazer o melhor.

Seja paciente para ouvir. Tenho certeza de que às vezes você está cansado, não tem paciência para ter uma conversa, tem outras coisas também importantes para fazer. Outras vezes não está com cabeça para conversar com seus filhos sobre a lição de casa. Ainda assim, quero que saiba com toda a clareza que você é um pai amoroso, que você é uma mãe carinhosa.

Nós precisamos aceitar nossa falibilidade humana. Existe amor também quando um pai diz:

"Filha, hoje estou cansado, com dor de cabeça, preciso de um tempo". Ou: *"Olhe, meu filho, eu tenho um compromisso importante e não vou conseguir ir ao seu jogo de futebol, mas prometo que na semana que vem irei".*

É óbvio que nos momentos decisivos você vai saber superar a crise de enxaqueca. Na hora em que sua filha chegar chorando porque o

namorado terminou com ela, você poderá dizer tranqüilamente: *"Filha, me dê uns 15 minutos para tomar banho e esfriar um pouco a cabeça, e então a gente conversa".*
Está na hora de parar com essa mania de ser super-heróis, super-homens, pois ela está gerando muita úlcera, muita gastrite, muita insônia e muita angústia em toda a família. Isso não tem nada a ver com o prazer de educar os filhos.
Os pais simplesmente bons sabem viver cada momento com seus filhos, caminhando com eles com naturalidade e carinho.

Viver o momento

É preciso amar as pessoas como se
não houvesse amanhã.
Porque, se você parar pra pensar,
na verdade não há.

Renato Russo

Pais legais vivem o momento... Sempre pensam em ajudar a construir o futuro dos filhos, mas sabem com clareza que a vida acontece no presente, que o futuro é uma viagem que somente a Deus pertence. Que uma série de presentes bem vividos constrói uma pessoa preparada para viver qualquer futuro que vier.
Viva com intensidade o presente e você será um bom modelo de como viver plenamente para seus filhos.
É importante aprender a estar inteiramente naquilo que se vive em cada momento. É muito comum a pessoa ficar pensando no trabalho quando está com os filhos e, durante o trabalho, sentir-se culpada por não estar com eles.

A neura consiste exatamente nisto: tirar a pessoa do que está vivendo no momento e depois culpá-la.

É o que se dá, por exemplo, na véspera de um exame. O aluno senta-se para estudar e sua neura começa a implicar: *"Para que estudar? Você já sabe tudo, vá ver televisão, ligue para seus amigos!"* Ele quer continuar estudando, mas não se concentra e sai para fazer outra coisa.

Então é reprovado no exame, e a neura ataca de novo: *"Você é um irresponsável, nunca faz nada direito. Sabia que devia estudar e não o fez. Quando vai tomar jeito?"*

Muitas pessoas querem descobrir como estar em dois lugares ao mesmo tempo, mas o grande desafio é saber estar presente no lugar em que sua vida está acontecendo. A maior parte das pessoas não é feliz porque vive somente a fantasia do que *poderia ser* e se esquece de amar e curtir o momento real.

Certa vez, havia um homem muito materialista. Ele procurou um místico e disse-lhe:

— *Se você me der uma prova de que através da espiritualidade conseguirei coisas materiais, eu me converterei.*

O místico achou a proposta uma bobagem, mas quis ajudá-lo a perceber o vazio de seu caminho. Deu-lhe então uma concha e disse:

— *Cada vez que você tocar esta concha, faça um pedido e ele será realizado.*

O homem saiu muito feliz e pensou: *"Agora poderei ter tudo o que sempre sonhei e assim atingirei a paz"*. Pediu então à concha que lhe desse casas, fazendas, lojas, carros, tesouros. A concha lhe proporcionava tudo, e mesmo assim ele continuava angustiado.

Um dia, viu outro místico que também tinha uma concha entre as mãos e conversava com ela:

— *Dê-me uma casa!*

E a concha respondeu:

— *Eu não vou lhe dar somente uma casa, vou lhe dar duas!*

Quando o materialista ouviu isso, correu até o homem e propôs:

— *Vamos trocar nossas conchas? A minha realiza desejos, mas é muito simples para mim. Eu quero a sua. Com ela finalmente viverei em paz.*

O homem disse-lhe que aquela sua concha era uma brincadeira e que ele se arrependeria caso a possuísse. Mas o materialista insistiu tanto que o outro resolveu ceder.

O materialista saiu contente, foi para sua casa e pediu:

— *Concha, dê-me uma fazenda!*

Ela, então, lhe respondeu:

— *Não vou lhe dar somente uma fazenda, vou lhe dar duas!*

Exultante, o homem concordou:

— *Está bem, então me dê as duas!*

Mas a concha voltou a falar:

— *Não, agora vou lhe dar quatro fazendas!*

O homem comemorou:

— *Ótimo, dê-me as quatro fazendas!*

Mas a concha duplicou novamente o pedido:

— *Não, agora vou lhe dar oito fazendas!*

Pensando já ter garantidas as fazendas, o materialista resolveu pedir-lhe uma casa, ao que ela respondeu:

— *Não vou lhe dar somente uma casa, mas duas!*

— *Sensacional, dê-me as duas!*

— *Não, agora vou lhe dar quatro!*

O materialista ficou perdido. Foi atrás do místico e disse:

— *Esta concha é maluca, tudo o que peço ela me promete em dobro, mas até agora não me deu nada. O que esta concha faz de verdade?*

O místico respondeu:

— *Promessas, isso é o que ela faz de verdade!*

E assim é a neura. O que ela faz de verdade são promessas que, imagina-se, se realizarão no futuro, e então a pessoa se descuida do presente.

Tudo o que pode acontecer em nossos relacionamentos ocorre somente no presente. Se vivermos no passado, o que vai predominar é o sentimento de culpa pelo que fizemos contra alguém ou o ressentimento pelo que fizeram contra nós. Se vivermos no futuro, só poderemos ter medo das conseqüências do que ocorrerá, porque o futuro guarda sempre mais surpresas do que qualquer planejamento é capaz de prever.

Mesmo que seja saudade de alguém o que estamos sentindo, é importante saber vivê-la neste momento, neste exato momento, que nunca mais se repetirá.

Quando crianças, as pessoas vivem querendo estar com os pais, que geralmente não têm tempo para os filhos. Esses pais, depois, na velhice, ficam procurando os filhos, que, por sua vez, estão muito ocupados atrás de seus objetivos profissionais ou familiares. Mas esses objetivos, quando alcançados, muitas vezes somente mostrarão quanto eram vazios perto da plenitude que daria o encontro com os pais.

Ao reavaliar o sentido da vida, uma das coisas que realmente terão valido a pena, quando a morte chegar, será o tempo que os pais curtiram com os filhos e que os filhos aproveitaram com os pais.

A maior dádiva que podemos dar a alguém é viver com ele o momento presente!

Saber caminhar juntos

Quando seu filho cresce, você obrigatoriamente tem de crescer para que possam caminhar juntos.

Imagine que você esteja passeando num parque com um amigo e conversando sobre um assunto qualquer. Se você andar mais rápido ou mais devagar que ele, o diálogo se interromperá, pois um não ouvirá o que o outro diz. Assim é o crescimento dos filhos: uma caminhada em que os dois lados precisam andar no mesmo ritmo, na mesma sintonia.

Cada fase do desenvolvimento de uma pessoa tem suas características, tarefas e necessidades específicas. Por isso, em cada uma delas a criança necessita de uma postura diferente dos pais.

Os pais, por sua vez, terão maior habilidade para lidar com determinada etapa e menor com outra, de acordo com o próprio desenvolvimento.

A psicóloga norte-americana Pamela Levin criou, com base em estudos com diferentes comunidades, um modelo das primeiras fases do desenvolvimento humano. Há seis estágios, e em cada um deles encontramos necessidades específicas e conflitos que os pais devem conhecer para ajudar os filhos a buscar os recursos internos que os levarão ao próximo estágio.

Infelizmente, nem sempre os pais se dão conta de que não possuem a habilidade necessária para lidar com as questões de determinada etapa do desenvolvimento de seu filho, e assim aparecem os dois tipos mais comuns de problema. No primeiro, os pais se recusam a admitir que o filho está crescendo, o que provoca o estacionamento em um estágio anterior àquele em que o filho poderia estar. No segundo, os pais têm necessidade de que o filho cresça logo e o empurram precocemente para tarefas que ainda não está preparado para assumir.

No primeiro caso, o resultado é uma pessoa dependente, controlada pelo mundo que a cerca, sem autonomia. No segundo, uma pessoa que perdeu o contato com suas necessidades e prefere não sentir emoções: vive como um robô.

Entender melhor esses estágios do desenvolvimento será útil para perceber de que tipo de pais seu filho pode estar precisando em determinado momento e se você já tem ou precisa desenvolver alguma habilidade para contribuir positivamente com seu crescimento.

Do nascimento aos 6 meses: poder de existir

Nessa primeira fase, a criança desenvolve a capacidade de estar bem consigo mesma e precisa sentir-se aceita como ser humano. Pelas mais diversas razões (crise no casamento, pais solteiros, problemas financeiros e até mesmo sexo diferente do desejado), a criança pode acabar não sendo acolhida, o que ela perceberá de forma sensorial.

Essa circunstância tenderá a empurrar precocemente o bebê a um estágio posterior de desenvolvimento. A sensação da criança de que os pais lhe fizeram um favor ao deixá-la nascer pode ficar gravada para sempre, gerando um adulto que tem medo de ser abandonado e nunca se sentirá amado.

Em contrapartida, também por motivos diversos (tentativas frustradas de engravidar, morte ou aborto de outros filhos ou idade avançada dos pais), um bebê pode ser tão ansiosamente esperado que acabará não tendo espaço para existir.

Nesse caso, os pais tenderão a se antecipar a todas as necessidades do bebê, sufocando-o e impedindo que se perceba através delas, o que fará o desenvolvimento "estacionar" nesse estágio. Um bom exemplo dessa situação é o da mãe que não espera o bebê "pedir" para mamar e está sempre se antecipando.

Mas como demonstrar a um bebê um amor equilibrado se ele não entende nossas palavras? Como demonstrar àquele pequeno e delicado ser que ele é querido? Da maneira mais antiga do mundo: fazendo-lhe carinho. Muito contato físico, olhares ternos, colo. Bebês precisam de contato físico para sentir-se amados da mesma forma que precisam de leite para seu corpo ficar mais forte.

Dos 6 aos 18 meses: poder de fazer

Nessa fase, a criança aprende a explorar o mundo.
Tocar as coisas, pegá-las, engatinhar, andar, subir, descer: nosso pequeno aventureiro quer abraçar o mundo com as mãos mesmo que seja apenas a minúscula sala de um apartamento.
Ter a possibilidade de explorar o mundo com segurança desenvolve na criança o sentimento de confiança em sua capacidade de fazer o que deseja.
Impedi-la de explorar o mundo por excesso de zelo (com a criança ou com os preciosos objetos da casa) pode ser tão prejudicial quanto abandoná-la à própria sorte. Em ambos os casos, a tendência será essa criança tornar-se uma pessoa sem iniciativa, pois os pais dizem muitos *nãos*: *"Não faça isso, não mexa naquilo..."* A criança começa a pensar que, quanto mais imóvel ficar, mais os pais estarão tranqüilos e lhe darão um sorriso em lugar de gritos...
A criança nessa fase será mais feliz e segura se os pais a acompanharem em suas excursões, permitirem que brinque na terra, no chão, deixarem que coloque objetos inofensivos na boca e até que leve seus pequenos tombos. Acima de tudo, é preciso toda a sensibilidade para distinguir entre o momento em que ela realmente precisa de ajuda e o momento de deixá-la agir sozinha.

Dos 18 meses aos 3 anos: poder de pensar

Nessa etapa, a criança começa a perceber sua possibilidade de autonomia, liberdade e independência. Nessa época, a criança começa a ter prazer em ir à casa dos amigos sem os pais, descer ao pátio do prédio para brincar com uma amiga. É a fase das infinitas perguntas:

"Por que você briga com meu irmão? Por que você tem que sair agora? Como eu nasci? Quando vou pra casa da vovó?" A criança fica deslumbrada com as explicações e apaixonada por sua capacidade de encontrar as razões de tudo.

Quando sua capacidade de raciocínio é valorizada, toma consciência de que pode pensar e decidir sobre sua vida.

Nesse momento, é preciso demonstrar confiança na capacidade do filho, paciência com os erros cometidos quando algo novo está sendo aprendido e respeito quando o pequeno faz suas escolhas, mesmo que seja decidir a camiseta que vai vestir. É tempo de conversar e saciar as curiosidades do pensamento da criança. É hora de contar histórias e disponibilizar os livros para que solte a imaginação.

A criança agora começa a trocar o prazer de estar no colo pelo orgulho de andar sobre as próprias pernas, assumindo seu ser. Mais que nunca precisa de pais com capacidade de conversar e responder às perguntas com clareza, valorizando sua inteligência.

Acima de tudo, é importante que os pais manifestem orgulho porque seus filhos começam a assumir a própria vida.

Dos 3 aos 6 anos: poder de ser

Surge a pergunta: *"Quem sou eu?"* É quando a criança começa a definir sua identidade. Percebe que é menino (ou menina), distingue quando se sente bem ou está doente, sabe quando está construindo ou destruindo alguma coisa.

Descobre que existem os outros e experimenta os relacionamentos sociais, testando as conseqüências dos comportamentos. Se bate em outras crianças, verifica que fica sozinha. Se as trata bem, aprende que gostarão dela.

É preciso não confundir essas experiências da criança com traços de sua personalidade. Frases do tipo *"você é briguento!"* ou *"você é burro!"* são particularmente perigosas, pois tendem a fixar características transitórias. Nessa época, a criança começa a perceber a diferença entre ser e estar. É diferente estar triste de ser triste, estar com medo de ser medroso.

Nessa fase, o filho precisa de pais que o ajudem a criar sua identidade, pais que não lhe digam o tempo todo como deve agir, pensar, vestir-se, que amigos deve ter, que esporte deve praticar... À medida que a criança desenvolve a personalidade, percebe que sua maneira de agir provoca reações e descobre por si mesma qual é o melhor jeito de agir.

O mais importante é que a criança crie agora a idéia de que é responsável pelos acontecimentos da própria vida.

Dos 6 aos 12 anos: poder de ter habilidades

Nesse período, a criança aprende que existem métodos para realizar seus objetivos. Valoriza o professor que a ensina a ler, verifica que determinada maneira de segurar a raquete aprimora seu jogo de tênis etc. É o aprendizado das habilidades. É saber como realizar o que deseja.

Cada nova habilidade é uma conquista, e cada conquista, uma vitória. Nessa etapa, a criança aprende que, se quiser conquistar um objetivo, tem de dedicar-se e que os professores não precisam prepará-la para desenvolver a competência de realizar sua meta. Nessa fase, aprende a se comprometer e a ter responsabilidade. É nesses anos que as crianças superprotegidas apresentam os primeiros sinais de que não aprenderam a ser autônomas.

O que mais precisam é de pais do tipo "amigões", que estimulam sua disciplina e curiosidade e explicam como fazer as coisas sem realizá-las no lugar dos filhos.

Dos 12 aos 18 anos: poder de regenerar

Parece que tudo o que a criança aprendeu na infância foi uma preparação para o momento do nascimento do adolescente. No Brasil, talvez a palavra que um adolescente mais diz e ouve seja *vestibular*, pois entrar na faculdade é condição necessária para subir na vida. Contudo, o vestibular mais importante é a entrada no controle da própria vida.

A adolescência traz um teste do aprendizado da infância. As lições que não foram aprendidas agora serão cobradas. Os pais que superprotegeram os filhos agora ficam angustiados, pois percebem que os filhos não aprenderam a administrar a própria vida e ao mesmo tempo se afastam do campo de influência paterna e materna.

Agora não é possível fazer que um garoto goste de sua filha. Já não é fácil ajudar o filho de gênio difícil a ser convidado para uma festa da classe. Nessa fase, não dá mais para conversar com o professor e pedir para aliviar a barra do vestibular.

À medida que o tempo passa, o adolescente começa a perceber que o jogo depende exclusivamente dele. Na hora em que entra na quadra, não tem técnico, não tem papai nem mamãe: é ele contra o adversário. E a vitória será daquele que estiver mais bem preparado...

Mas a natureza é generosa. Todo o processo de desenvolvimento da infância vai se repetir e dar aos pais e ao adolescente a oportunidade de repassar as lições que não foram aprendidas. Infelizmente, muitos pais desperdiçam essa nova oportunidade e cometem os mesmos erros do passado...

O adolescente revive a seqüência que viveu na infância: existir, fazer, pensar, ser, adquirir habilidades. Desta vez, porém, o processo se realizará fora de casa.

Agora o adolescente vai aprender a existir sem os pais por perto, aprender a fazer sem contar com olhos protetores ao seu lado, desenvolver a capacidade de tomar decisões. Enfim, o mesmo processo, mas agora é preciso assumir sozinho a própria vida.

Agora os pais têm a oportunidade de criar condições de crescimento para os filhos que não as conseguiram na infância. Infelizmente, muitos desperdiçam essa oportunidade porque não conseguem evoluir para experimentar o crescimento e a independência dos filhos.

Com freqüência, começa aí uma tentativa do filho de negar os pais para sentir-se capaz de cuidar de si mesmo. Durante a infância, a criança acha que os pais é que podem lhe dar felicidade, mas agora o rapaz ou a moça começa a se dar conta de que a responsabilidade da própria felicidade é dele mesmo.

Muitas vezes esse processo é agressivo. O adolescente adota posições radicais porque quer livrar-se da imagem de criança. Mas, como ainda está em processo de evolução, sente-se perdido, confuso e solitário.

Os filhos têm necessidade de enfrentar os pais para sentir-se donos da própria vida e, se encontram pais controladores, está armado o conflito. Como evitar que se transforme numa guerra? Acima de tudo, é preciso que pais e filhos entendam que a adolescência é a grande oportunidade de curar as feridas da infância e recomeçar com alma nova.

Para os pais, a melhor atitude é torcer pelo sucesso do filho e deixar claro que continuarão disponíveis sempre que ele precisar de ajuda. Para os jovens, trata-se de admitir que às vezes precisam de "colo" ao mesmo tempo que aprendem a cuidar de si próprios.

Esse conflito só termina quando o indivíduo percebe que a felicidade depende dele mesmo e de sua capacidade de compreender a vida.

Crescer junto com seus filhos é a melhor maneira de criar uma amizade profunda entre vocês!

Consistência

Para que os filhos tenham uma boa estrutura como referência de conduta, é importante que o casal esteja unido.

É preciso que os pais não mudem as regras de funcionamento da família a todo momento. Que suas opiniões diferentes não gerem confusão. Que, mesmo sob pressão e manipulação dos filhos, saibam manter a coerência entre si para não gerar distorções de postura diante de situações de frustração.

Por exemplo: se os pais concordam que é bom para o filho ter um horário para dormir, é importante que ele seja mantido por mais que a criança pressione. Não é preciso rigidez. Pode ser que, por causa de um acontecimento inesperado, ela vá dormir alguns minutos mais tarde, e no fim de semana poderá ter maior liberdade. Mas é interessante que os pais expliquem a razão da regra e por que existem algumas situações de flexibilidade.

Outra situação: quando a criança tem dificuldades na escola, tais como problemas de aprendizado ou de disciplina na realização de tarefas, e os pais estabelecem um horário para estudo. Para a criança é importante ter o referencial de que os pais valorizam essa atividade e mostram que estão ao seu lado acompanhando esse processo.

Para o casal atingir a integração de suas posições e chegar à conclusão das prioridades de cada regra estabelecida, precisa dialogar muito.

Elas são de três tipos:

- As *fundamentais*, regras básicas que não admitem exceção, tais como olhar a rua antes de atravessá-la ou não dirigir se tiver bebido álcool.
- As *importantes*, que permitem maior flexibilidade, pois desrespeitá-las não põe em risco a vida da pessoa, como manter horário de atividades escolares, cuidar da alimentação etc.

- As *desejáveis*, posturas que necessitam de tempo para ser desenvolvidas, como saber cuidar dos convidados e ter respeito pela opinião dos outros.

Quando os pais têm uma reação rígida perante algo que é apenas desejável e branda com algo que é fundamental, isso pode gerar na criança a dificuldade de estabelecer prioridades para suas tarefas e seus problemas, fazendo-a preocupar-se muitas vezes com algo acessório e não valorizar situações fundamentais para sua vida.

O que é fundamental para um cônjuge pode ser somente acessório para outro, e por isso é importante que ambos estabeleçam suas posições com clareza para ter ações coerentes.

A integração do casal deve ser ampla no sentido de estabelecer limites para a criança e evitar nela o sentimento de que os pais não têm parâmetros consistentes. Os dois, unidos em seus valores, vão evitar um estado de ambivalência na criança.

Não tem mais sentido usar o outro para justificar posições, como naquelas frases clássicas:

"Você sabe como é seu pai!"

"Por mim eu deixaria, mas você conhece sua mãe!"

Ter um sistema que oriente sua vida ajuda o filho não somente a ter uma base para experimentar-se mas também a aprender que existem regras na vida que devem ser respeitadas.

As regras apresentadas aos filhos precisam valer também para os pais, pois quando isso não acontece os filhos vêem essas normas como mero instrumento de força, e não como um sistema coerente de preservação da unidade do grupo.

De alguma maneira todos nós somos
cegos,
surdos
e mudos.

Cegos em nossa dificuldade de ver o que se
passa em frente aos nossos olhos,
surdos em ouvir as palavras dos outros
e também a voz de nossa consciência,
mudos, omissos em verbalizar nossos sentimentos
e desejos.
Educar é ajudar a manter abertos os canais
de comunicação de nossos filhos
e também aprender, no contato com eles,
a ver, ouvir e falar.

Ecologia doméstica

Uma família cheia de ressentimentos e de troca de acusações não é um bom lugar para viver... Por isso, pais legais mantêm a casa limpa e aconchegante.

Para a Terra voltar a ser um planeta digno de o homem viver, além de despoluir os rios, as cidades, o ar, precisamos entender que o primeiro lugar a ser cuidado é o nosso lar. Ele reflete a relação que mantemos com o mundo externo e manifesta nosso mundo interior.

O cuidado com o ambiente da casa implica também o empenho em limpar nossas relações com as pessoas.

A casa é o lugar onde criamos nossas raízes, e reflete a nossa vida. Talvez o primeiro cuidado ecológico deva ser criar um lar onde as pessoas da família se sintam bem, um lugar onde todos se sintam bem-vindos e protegidos.

É importante que a casa seja um lugar agradável, onde circule uma energia que dê prazer às pessoas, porém, mais do que uma casa, o amor entre as pessoas pode transformar paredes e portas em um lar aconchegante e gostoso. Para que isso aconteça é importante que as dificuldades surgidas sejam prontamente resolvidas. Há gente que, da mesma maneira que conserva um vazamento ou uma goteira durante meses, também mantém situações não resolvidas por longo tempo.

É importante criar o hábito de manter nossos sentimentos límpidos e cristalinos em relação às pessoas com quem convivemos.

A seguir, algumas posturas eficazes para que isso aconteça.

Confrontar situações desagradáveis

Conviver cria inevitavelmente situações desconfortáveis para todos. Confrontar é trazer à tona essas situações desconfortáveis para encontrar uma solução satisfatória para as partes envolvidas.

Muitas pessoas adiam conversas sobre temas desagradáveis na esperança de que eles se resolvam sozinhos... Descobrem, porém, que quanto mais adiam a solução dos problemas mais eles aumentam.

As dificuldades se ampliam até o dia em que as pessoas falam de maneira direta, firme e clara quando alguma atitude incomoda. Confrontar é uma forma de dizer ao outro que sua amizade é importante.

Quando alguém não expressa o que o incomoda, corre o risco de se afastar, não dando ao outro a oportunidade de conhecê-lo.

Quando se confronta alguém, é interessante dizer que conduta dele incomoda, como a gente se sente e como gostaria que ele agisse. Quando, por exemplo, alguém está aborrecido porque um amigo falta a um compromisso, em vez de estourar com ele ou decidir não mais encontrá-lo, é melhor dizer-lhe: *"Não gosto quando você combina de ir em casa e não aparece. Sinto-me rejeitado e tenso por ficar esperando você. Quero pedir-lhe que não marque se não puder ir ou, se aparecer algum imprevisto, que me telefone".*

Uma sugestão para as confrontações feitas por um casal: tratar um assunto de cada vez até resolvê-lo. Por exemplo: se a esposa menciona a necessidade de o marido acompanhar os deveres do filho, é importante chegar a uma conclusão sobre esse assunto antes de iniciar outro, como o fato de a mãe ser muito crítica em relação ao filho.

As conversas em que são tratados muitos problemas ao mesmo tempo tendem a tornar-se um tiroteio de acusações mútuas em vez de se transformar num momento de reflexão que leva à solução das dificuldades.

Lembre-se: resolver um assunto de cada vez é mais prático e ajuda todos a ter tempo para mudar e mostrar respeito ao outro.

Pedir desculpas

Há pessoas que nunca se permitem reconhecer um erro: têm uma auto-imagem de perfeição. Pensam que os outros não irão mais valorizá-las nem respeitá-las se admitirem uma falha pessoal. Essa postura acaba prejudicando a comunicação, pois geralmente a pessoa espera que o outro assuma um erro que na verdade é seu.

Há quem, percebendo uma situação tensa, pede desculpas para ver se o outro muda de assunto. Não o faz por arrependimento, mas como recurso estratégico para pôr fim à discussão, o que reflete simplesmente uma tática para encerrar a conversa e não se comprometer com a mudança.

Reconhecer o próprio erro e pedir desculpas com a disposição verdadeira de corrigir-se é uma demonstração de humildade e de valorização do outro. É ter consciência do mal-estar que sua conduta provoca no outro e assumir o compromisso de agir de modo diferente na próxima vez.

Elogiar

Todas as pessoas têm necessidade de ser reconhecidas, de saber que lhes dão importância e conseguem motivar alguém a prestar atenção nelas.

Reconhecer que a esposa está mais paciente, que o marido está mais participativo, que o filho está mais atencioso ou que a filha está mais responsável é o mesmo que aplaudir uma vitória deles, é fazer com que se sintam importantes.

Quando as pessoas se sentem valorizadas e capazes, fica mais fácil realizar mudanças. As transformações ocorrem quando as pessoas se sentem bem a respeito de si mesmas.

Quando se elogia alguém, além de demonstrar suas virtudes, a própria pessoa que elogia está revelando quanto é bondosa.

Certa vez, um discípulo perguntou a seu mestre:

— *Qual é o valor da virtude?*

Como resposta, recebeu um anel de ouro e diamantes com a seguinte recomendação:

— *Vá até o mercado e veja se consegue uma moeda de ouro por ele!*

O rapaz foi e logo depois voltou:

— *Consegui apenas duas moedas de prata!*

O mestre então lhe disse:

— *Vá até uma joalheria e pergunte quanto lhe oferecem.*

Ao voltar, o discípulo lhe relatou o resultado da pesquisa:

— *Mestre, ofereceram dez moedas de ouro!*

Então o mestre lhe respondeu:

— *Esse é o valor da virtude!*

Somente quem conhece o valor da virtude de alguém é capaz de aplaudir a grandeza.

Agradecer

Na Índia, alguns mestres dizem que a pessoa iluminada é a que vive em estado de gratidão. É iluminado quem sabe reconhecer a beleza de um *olá* e de um *adeus*, do sol e da chuva, do dia e da noite, pois todos os acontecimentos e todas as pessoas trazem uma oportunidade de crescimento.

Quando se agradece a alguém, reconhece-se a comunhão que ocorreu entre ambos e cria-se uma energia que fará essa comunhão se repetir.

Se o marido agradece à esposa por mostrar-lhe sua falta de paciência com os filhos, ele reconhece quanto os dois estavam sintonizados e garante a possibilidade de tais situações de sintonia se repetirem.

É importante saber que a Existência tem meios, às vezes incomuns, de nos fazer realizar nossa história.

Há alguns anos o sítio de minha família foi assaltado diversas vezes. Dávamos queixa à polícia, mas tudo continuava do mesmo jeito.

Um dia, lembrei-me de que meu pai tinha um primo investigador numa cidade vizinha e, como fazia muitos anos que não o via, pedi a meu pai que falasse com ele para que, com seus amigos policiais, desse um jeito na situação.

Passaram-se alguns meses e os marginais foram sendo presos.

Depois dessas prisões, o vilarejo voltou a ficar calmo, e tive vontade de agradecer ao policial que cuidou do caso.

Então decidi convidar meu pai e toda a família para um almoço ao qual viriam nosso primo e o policial que o ajudara.

Liguei para meu pai e sugeri que reunisse toda a família, que havia tempos não se encontrava.

Ele ficou muito feliz, quase todos os dias ligava para dizer que o número de pessoas aumentava sempre e para trocarmos idéias sobre como organizar o almoço.

Foi um domingo sensacional, o sítio estava lotado de pessoas importantes para nós. Agradeci ao policial. Depois do almoço, meu pai e eu saímos e fizemos uma longa caminhada. Ele falou de sua vida, eu da minha, e também falamos de tantas coisas lindas que vivemos. Ele agradeceu pelo almoço e expressou o orgulho de ser meu pai.

No final da tarde, no momento da despedida, meus filhos estavam brincando e pedi-lhes que fossem despedir-se do avô.

Depois nos abraçamos. Foi muito gostoso estarmos todos juntos.

À noite fui ao teatro, voltei para casa e logo depois o telefone tocou. Era minha irmã, que disse: "Beto, o pai morreu!..."

Apesar de toda a dor da separação do velho querido, tive uma sensação enorme de paz: era como se tudo estivesse completo.

Alguns ladrões me ajudaram a receber sua bênção final!

Às vezes precisamos de anos para entender as razões de determinados acontecimentos de nossa vida!

Pedir ajuda

Todos os seres humanos têm momentos de fragilidade, insegurança e confusão. Quando isso acontece, pode-se ter três atitudes:

- Isolar-se, afastando-se para que os outros não descubram que se está precisando de alguma coisa.
- Manipular, levando os outros a prestar ajuda contra a vontade, pressionados pelo medo ou pelo sentimento de culpa que o manipulador provoca.
- E, a mais indicada, pedir ajuda.

Pedir ajuda é compartilhar as próprias necessidades e abrir o coração, reconhecendo que existe alguém em condições de ajudar.

Pedir ajuda é querer colo,
é querer alguém
que tire uma dúvida,
que ensine algo,
que escute,
que incentive,
que participe com sua opinião.

Muitas pessoas pensam erroneamente que, se alguém as ama, tem a obrigação de adivinhar e fazer o que elas precisam. Acham que carinho pedido não tem valor.
Um pedido de proteção é um elogio ao outro, pois é o reconhecimento de sua capacidade de ajudar.

Declarar amor

Demonstrar amor é uma forma de deixar o champanhe da vida transbordar do próprio coração.
A maioria das pessoas só manifesta seu amor pelo outro no aniversário e no Natal. Falar de amor, para elas, é como usar talheres de prata: é bonito e sofisticado, mas só fazem isso em situações muito especiais.
A pessoa cuja presença é uma declaração de amor consegue criar um ambiente de alto-astral. Ela o manifesta não só ao parceiro mas a todos: familiares, amigos, colegas de trabalho e de estudo.
É importante saber dizer *"amo você!"*, sem ter vergonha do amor que se sente, sem querer escondê-lo. Quando se diz *"eu amo você!"* não se está expressando apenas a própria capacidade de amar mas também afirmando que o outro é amável, se faz amar, cria amor em redor.
Está na hora de as pessoas pararem de sentir vergonha de amar!
Muitas pessoas têm medo e vergonha de mostrar a beleza de seus corações! Assustam-se ao contatar sua sexualidade, criatividade,

seu amor, potencialidades que sempre fomos incentivados a menosprezar.
É impressionante o número de mulheres que se enfeiam porque têm vergonha de assumir sua beleza e a quantidade de homens que negam sua inteligência porque pensam ser incapazes. Existem muitas riquezas a ser experimentadas por quem acreditar e quiser expressar-se.

Produzir-se

Uma comida saborosa fica muito mais interessante se for servida num prato especial, com talheres finos e toalha bonita, acompanhada de um vinho adequado e em companhia elegante. Esse é um exemplo da importância de se produzir, de criar elegância em redor de si.
Que tal colocar uma flor nos cabelos, usar aquele perfume especial, fazer a barba, não usar pijama durante o fim de semana, vestir-se bem para um jantar mesmo em casa?
Somos um presente para as outras pessoas, e um bom presente requer uma bonita embalagem!
O pai ou a mãe vai sair com a filha ou com o filho? Que tal ir a um bom restaurante, vestir uma roupa bonita? Uma coisa é certa: ela (ou ele) vai se sentir muito especial!

Ser cordial

Um pouco de atenção e simpatia só tornam mais agradável a convivência entre pais e filhos.

Coisas simples como:

- Puxar conversa delicadamente ao ver o outro triste.
- Ligar para dizer que sente saudades.
- Deixar bilhetinhos inesperados.
- Comprar um disco porque uma música fez lembrar o filho.

São gestos sutis que passam a fazer parte do jeito de ser de uma pessoa à medida que ela os realiza.

Dialogar

Aos 15 anos, passei por uma crise que me deixou muito perdido. Ia muito mal na escola, brigava com todos em casa, não sabia o que queria fazer da vida, vivia muito angustiado e pensava que meu pai só queria me dominar, que não me valorizava.

Isso tudo durou até o dia em que ele chegou a mim e disse:

— *Filho, estou triste de ver você assim. Já brigamos muito, fui muito crítico e me afastei para ver até onde a situação chegava. Não sei mais como agir, mas tenho certeza de que deve haver alguma coisa a fazer. Você é um rapaz muito inteligente e não tem sentido viver assim. Quero pedir que me ajude a ajudar você.*

Então iniciamos uma longa conversa, na qual pude perceber como eu era importante para ele. Apesar de todas as angústias que estava vivendo, tive a certeza de poder contar com ele e compreendi quanto confiava em mim.

Foi muito emocionante vê-lo mudar, abrir o coração para mim, valorizar-me e apoiar-me.

Penso que voltar a cuidar de mim foi a forma que encontrei de agradecer sua mudança!

Mais diálogo

Diálogo é a vontade e a abertura para um encontrar o outro.

Muitas pessoas pensam no diálogo como:

- Um jeito de influenciar o outro.
- Um jeito de mostrar quanto se é legal.
- Um jeito de fazer o outro se sentir mal criticando sua conduta.
- Um jeito de dar uma aula a alguém a respeito de sua vida.

No entanto, conversar é encontro!

Mãos, cabeça e coração vazios, abertos para permitir que a magia da comunhão aconteça.

Deixar a nossa vaidade e as nossas certezas do lado de fora para descobrir a verdade do momento presente, pois o diálogo só é possível quando o novo pode acontecer.

Infelizmente, a comunicação de muitos pais com seus filhos é uma troca infinita de acusações, em que o filho reclama e lamenta e os pais criticam e repreendem.

O diálogo não é um momento para mostrar quem é melhor, mais forte ou bonzinho, mas uma forma de conhecer o outro, de abertura, aprendizado e compromisso.

Às vezes, para que o diálogo aconteça, é preciso que o pai deixe seu espaço e entre no universo do filho:

- Indo ao vestiário depois da aula de natação.
- Preparando um lanche para ele e seus amiguinhos.
- Assistindo juntos a um desenho animado num domingo de manhã.
- Visitando-o na cidade em que faz faculdade.

As conversas mais profundas geralmente acontecem quando as pessoas estão se sentindo protegidas ou fazendo algo de que gostam. Na minha infância, minha mãe costumava descascar laranja-serra-d'água para a gente. Éramos quatro irmãos e acompanhávamos aquele ritual familiar conversando, fazendo perguntas sobre a vida dela, falando da escola, do que queríamos ser quando crescêssemos, tudo isso intercalado com: *"Quero uma tampinha!"*, *"Faz de gomo!"*

É importante também, quando está na hora de ter uma conversa e ela não acontece espontaneamente, que a pessoa interessada saiba propor o diálogo, de preferência sem formalidades para não prejudicar a fluência da comunicação.

Se você quer orientar seu filho em vez de fazer-lhe uma ladainha de críticas que o levarão a se sentir mal, dê a mensagem em forma de "sanduíche". A receita é simples: coloque primeiro a fatia da demonstração de amor, depois o recheio, descrevendo a conduta negativa, e, por fim, acrescente uma alternativa positiva, cuja conseqüência seja o bem-estar.

Eis alguns exemplos:

- *"Filho, você é um menino legal. Por isso é superimportante que estude para viver todas as coisas lindas de que é capaz".*
- *"Filho, adoro você, penso que não é bom ficar brigando com todo mundo. Se você conversar com as pessoas, elas vão conhecer melhor suas idéias".*
- *"Filho, você é muito lindo! É importante escovar seus dentes, para conservá-los sempre bonitos".*

Dessa forma, será possível apresentar a crítica ou o conselho num contexto de valorização e carinho pelo outro.

Quando duas pessoas começam a conversar, é fundamental que o tema em discussão sejam idéias e planos e não haja a preocupação de um julgar o outro.

Pode ser que o pai não aprove um projeto ou um desejo do filho, mas é indispensável deixar claro que sua posição não interfere no sentimento de amor e confiança que tem por ele.

Procure evitar comentários que desqualifiquem a pessoa. É triste quando, no meio da conversa, surgem expressões do tipo: *"Odeio você!", "Por que você existe?", "Depois que você nasceu minha vida mudou, não tenho mais sossego!"*

Duas pessoas podem ter visões muito diferentes de uma situação e, apesar disso, se valorizarem e se aceitarem.

Outro ponto fundamental nos diálogos com os filhos é saber que, numa conversa, além daquilo que é dito com palavras, há o que se expressa simbolicamente... Ficar preso só às palavras é uma forma de surdez. Sobretudo quando se está conversando com um filho pequeno cujo vocabulário é limitado.

Não pegue seu filho por causa de uma palavra que ele disse, talvez sem saber exatamente o que significa... Alguns pais ficam torturando os filhos porque estes, num momento de raiva, disseram coisas como: *"Eu odeio você!"*

Talvez, nessa frase, o que seu filho esteja dizendo realmente é: *"Estou precisando de você! Não me deixe sozinho!"*

Existem mensagens enviadas através de condutas, e quando os pais estão abertos para aceitá-las criam condições para que os filhos encontrem um jeito de verbalizá-las.

Às vezes os filhos protegem os pais evitando determinados assuntos porque sabem que os incomodarão. Uma nota baixa no boletim, por exemplo, ou a saudade do pai que vive ausente.

Quando os filhos encontram compreensão, sentem liberdade para falar sobre qualquer tema, mesmo que seja um tema difícil.

O diálogo é o lugar de encontro e o único modo de criar e consolidar grandes amizades.

Aceitação

Quando meu filho mais velho nasceu, era uma criança linda, meiga e doce. À medida que os dias foram passando, porém, notou-se que seu desenvolvimento não era igual ao das outras crianças, apesar de o médico me garantir o contrário.

Um dia, recebi um telefonema avisando que o pediatra tinha solicitado uma avaliação neurológica do menino, porque havia sido constatado um atraso no seu desenvolvimento. O diagnóstico neurológico foi atraso médio neuropsicomuscular.

Essa notícia me atingiu como um soco no peito e me chamou à realidade.

Começou, então, a via-crúcis: fisioterapia, terapia ocupacional, fonoaudiologia, hidroterapia — era preciso recuperar o atraso no desenvolvimento.

Ao mesmo tempo, ele foi submetido a uma série de consultas a diferentes especialistas na tentativa de diagnosticar a causa do problema. A princípio, as hipóteses eram muitas, tantas quantas os pais (eu e a mãe somos médicos) conseguiam formular. Embora fôssemos muito unidos, não conversávamos sobre nossas angústias. Penso que o fato de termos sido treinados para agüentar firme e lutar sempre para realizar nossos objetivos tenha feito com que, naquele momento, considerássemos secundários os nossos sentimentos.

Teria sido muito melhor se tivéssemos compartilhado nossas angústias e medos, demonstrado quanto nos sentíamos frágeis e assustados, apesar de nossa capacidade de lutar com bravura.

Infelizmente, os tratamentos não produziram os resultados desejados, e o sentimento de impotência foi tomando conta de nós. Por fim, uma tomografia fechou o diagnóstico: sua doença era causada por uma série de calcificações no cérebro, conseqüência de uma virose durante a gestação.

Vários médicos nos disseram: *"Infelizmente, ele não chegará até 1 ano de idade"*. Até hoje não encontro palavras para descrever a dor que sentíamos naqueles primeiros meses cada vez que olhávamos nosso menino e pensávamos que em breve não o teríamos mais conosco.

Não queríamos que ele morresse no prazo previsto pelos médicos. Redobramos, então, nossos esforços recorrendo a homeopatia, a massagens e a energização — tudo o que se possa imaginar.

Ele foi ficando mais forte. Aos poucos aumentava a certeza de que ele iria viver pelo menos alguns anos a mais do que fora previsto.

Então, com sua situação estabilizada, começaram os questionamentos. Por que isso havia acontecido justamente comigo? Eu, que sempre tinha sido um homem bom, que não sentia nenhum prazer em fazer mal aos outros!

Sentia um misto de ressentimento e frustração contra a Existência, que, segundo meu modo de ver, havia me preparado uma cilada.

Entrei em depressão profunda: junto ao sentimento de que nada tinha valor na vida, experimentava a sensação de impotência e incapacidade. Parecia não ser capaz de fazer nada certo.

Alguns meses depois, viajei para os Estados Unidos em busca de algo que me tirasse daquela permanente angústia e participei de uma série de grupos terapêuticos residenciais.

À medida que fazia as terapias, fui descobrindo pontos que me ajudaram a esclarecer o que estava vivendo. Lembro-me especialmente de uma sessão em que falei de minha dor por ter um filho com uma doença neurológica. A terapeuta disse que sentia muito, mas que essa era uma situação real, e o que eu tinha a fazer era aceitá-la e aprender a viver com ela. Mostrou-me que a terapia lida com o imaginário e que eu deveria ver se não existiria algo nesse aspecto para trabalhar.

Percebi então minha dificuldade de aceitar um filho naquelas condições. **Na evolução da sessão, tomei consciência de que, mais ainda, eu não sabia aceitar as pessoas como elas são.**

Dias depois soprava um vento muito forte. Eu caminhava em sentido contrário ao dele, procurando avançar, e não conseguia. Tentei várias vezes. Subitamente constatei que era exatamente isso que fazia em relação ao meu filho. Lutava contra a situação, estava magoado por algo que não saíra como havia planejado. Percebi que, assim como o vento, a vida não soprava naquela direção por estar contra mim. Simplesmente existiam fatores na natureza que a levaram a tomar determinada direção naquele dado momento.

As coisas desagradáveis não aconteciam contra mim, aconteciam *comigo*, e eu não iria resolver a situação lutando contra elas. A doença de meu filho não era conseqüência de um ato errado que eu tivesse cometido nem se tratava de uma punição. Era somente uma situação que me estimulava a crescer.

Era o momento de aceitar que ele, como todos os filhos, possuía características próprias. O seu jeito peculiar de ser não tinha como finalidade me fazer sofrer — era, simplesmente, seu jeito de existir.

A partir daí fiz tudo para começar a conhecê-lo em vez de querer mudá-lo. Até hoje, com 22 anos, ele faz uma série de atividades pedagógicas especiais e, em certos momentos, sinto o desejo de que as coisas fossem diferentes, mas logo depois voltamos a nos entender.

Nós, pais, temos de aprender a aceitar nossos filhos e seus caminhos. Se quisermos, sempre encontraremos algo em nossos filhos que nos deixará insatisfeitos.

Não tenho dúvida de que, dando-me esse filho, a Existência encontrou uma maneira de me transmitir ensinamentos profundos sobre a vida.

Ao vê-lo tão feliz no seu jeito de ser...
Aprendo a ver a beleza do simples.
Aprendo a me comunicar sem palavras.
Aprendo a valorizar o pequeno:
cada pequeno gesto,
cada pequena evolução.
Pequenos caminhos.
Aprendo a olhar meus sentimentos,
mesmo aqueles menos admiráveis,
e a considerá-los parte de mim.

Especialmente, aprendo a aceitar que não sou tão grande como imagino e gostaria de ser e que devo ser paciente para aceitar minhas limitações.

Do viver

Parece que a melhor maneira de enfrentar a sucessão de acontecimentos na vida é aliar a visão e a força do barqueiro com a fluidez do barco.
Algumas vezes há que saber lutar com disciplina e perseverança, mas em outras só nos resta confiar, entregar-nos, deixar-nos levar para o melhor lugar.

O início da viagem

A gestação é um período de muitas alegrias. É um sonho que está se realizando: o amor do casal frutificou em novo ser. É o próprio desabrochar do coração dos pais.
Em meio à celebração, começa a germinar uma série de angústias, às quais cada cônjuge precisa estar atento para que não resultem em afastamento nem em mágoas que podem contaminar o casamento.
Depois das comemorações da gravidez, com os planos para receber o bebê e entre os devaneios para adivinhar como será a criança, a mulher muitas vezes vive o medo de não ser uma boa mãe e de ter um filho com problemas físicos.
As alterações do corpo fazem com que ela se sinta menos atraente, e vem o medo de perder o marido. Mais frágil e necessitada, parece-lhe não receber a compreensão nem a proteção de que precisa. Nessas condições, e por estar cuidando do bebê, com freqüência dá menos atenção ao marido e começa a solicitar mais cuidados dele.

Isso provoca tensão, pois numa relação a maioria dos homens ainda espera receber mais cuidados do que cuidar afetivamente da esposa. O marido, por sua vez, interpreta a necessidade de atenção dela como rejeição e, em vez de elaborar essa situação, acaba, em geral, mergulhando no trabalho ou envolvendo-se com outra mulher na tentativa de manter a quantidade de atenção que recebia.

Outra situação bastante comum é aquela em que, em vez de proteger a mulher, ele começa a brigar para que ela volte a lhe dar a atenção desejada, criando assim a primeira competição com o bebê pelo amor da esposa. Resultado: ela se sente abandonada, fecha-se mais na gestação, e os dois acabam se isolando.

O período da gestação do filho torna-se uma oportunidade de os homens aprenderem que nem sempre podem ser o centro das atenções.

Nessa fase, a prioridade é da mulher e de sua suprema criação: o novo ser humano. É o momento de o marido saber atuar como um grande ator coadjuvante: acompanhar a ida ao médico, colocar a mão na barriga da mulher para sentir os movimentos do feto e — por que não? — sair no meio da noite à procura de uma jaca.

A mãe precisa cuidar do próprio organismo alimentando-se adequadamente, não engordando em excesso, fazendo ginástica leve, diminuindo ou cortando o cigarro, não tomando bebidas alcoólicas nem usando drogas. Seu espírito também merece ser nutrido com bons filmes e leituras consistentes, e ela deve deixar de lado o noticiário policial, filmes e peças de teatro trágicos e, se possível, evitar situações estressantes, como encontrar determinada vizinha que está sempre reclamando da vida ou visitar aquela pessoa que adora criticá-la.

Ao pai, por sua vez, compete alimentar o lar de energia positiva e ter em mente que, ao proteger sua esposa, está cuidando da saúde do bebê.

Qual é o melhor momento para o pai participar da vida dos filhos? Desde a concepção!

A vida do feto é marcada, a cada dia, por percepções energéticas. A presença do pai já é sentida como um invólucro de amor. Quando o pai deixa para mais tarde a participação afetiva na vida do filho, pode criar uma situação semelhante à do aluno que, perdendo os primeiros dias de aula, acaba não acompanhando a matéria e relaxando nos estudos.

É importante participar de todos os momentos da vida dos filhos para que o fato de perder uma etapa não facilite a omissão permanente. Cada etapa tem uma beleza única, e todas convidam o pai a manter uma sintonia fundamental para que se efetue o bom relacionamento com o filho.

Existem homens cuja postura é valorizar somente o trabalho, como se sua obra fosse a única digna de consideração e tudo o que os outros fazem, inclusive as atividades de sua esposa, fosse secundário.

Se isso acontece com você, permita-se acompanhar a seguinte fantasia: imagine que alguém o contrate para construir uma casa de espetáculos em nove meses e lhe dê a verba de 10 milhões de dólares.

Você começa o planejamento e passa depois à execução de cada detalhe para realizar sua obra. São tantas coisas importantes que você não pode ser perturbado — quer todo mundo ajudando para que o prazo seja obedecido e o trabalho executado com toda a sofisticação exigida.

Você fica tenso porque quer que tudo saia perfeito e sabe que não pode esquecer nenhum detalhe.

Agora pense que sua esposa tem nove meses para executar a maior das criações, que é o seu filho, ou seja, ela também tem um prazo e não pode esquecer nenhum detalhe.

Com certeza você se preocuparia com a fiação da casa de espetáculos, faria tudo para que ficasse perfeita. Pois o seu bebê sai de uma célula — que é o ovo — e, quando a inervação começa a se formar, aproximadamente 10 bilhões de neurônios vão se organizando com perfeição para não provocar nenhum curto-circuito.

Será que dá para comparar seu trabalho de colocar os focos de luz com a tarefa de sua esposa de colocar o brilho nos olhos de seu filho, olhos que contemplarão você durante toda a vida?

Considere cada detalhe dessa criação: sistema imunológico, estômago, coração (que vai bater mais forte cada vez que abraçar você), braços (que vão envolver as pessoas queridas). Cada detalhe é fundamental!

Maravilha das maravilhas!

Através de sua esposa, a natureza realiza o maior dos milagres!!!

Acho que seria bom você colocar uma placa:

Artista em criação.
Não perturbe.
De preferência, ajude!!!

É fundamental o homem facilitar a abertura de espaço para um novo ente na família. É chegado o momento de aprender a compartilhar as luzes para que todos possam desabrochar.

Nesse período, o homem geralmente sente necessidade de voltar-se para o próprio pai. Isso nada mais é do que a busca de um modelo para responder à questão: *"Como é ser pai?"* A mulher, por sua vez, sente necessidade da mãe.

Quando não encontram nos próprios pais a proteção que procuram, em geral revivem o mesmo sentimento de rejeição e abandono de sua infância, o que os deixa frágeis.

A dor de novamente não encontrar o pai (para o homem) ou a mãe (para a mulher) quase sempre é negada e camuflada com uma postura de indiferença — *"Eu não preciso mesmo dele!", "Eu já sou uma mulher feita!"*. Mas, internamente, existe um borbulhar de tristeza e ressentimento que os leva a se distanciar da gestação para proteger-se das lembranças que querem evitar.

Sem dúvida, o melhor meio de neutralizar essas reminiscências é compartilhar tudo com o parceiro. Os dois poderiam cuidar-se mutuamente nesse mergulho às profundezas do passado, onde encontram suas crianças, e criar a experiência de ser amados mesmo nas dúvidas e angústias.

Quando o casal encontra uma abertura de amizade em seus pais, esse é o momento de fazer uma releitura do comportamento deles e de procurar entender o significado de suas atitudes no passado. Recorrendo ao diálogo, será possível perceber a verdadeira intenção que movia determinados procedimentos deles que machucaram tanto. O casal conseguirá admitir que seus pais também foram escravos das próprias angústias, adquiridas na infância.

A pessoa que toma consciência disso está capacitada a livrar-se dos traços neuróticos transmitidos na família de geração em geração e, assim, quebrar o ciclo vicioso.

Há um aspecto que deve ser levado em consideração: o chamado instinto materno não é tão natural como se diz. Muitas mulheres se torturam porque estão grávidas e ainda não sentem nenhuma conexão com a criança. Relaxe. O instinto materno é construído à medida que o relacionamento evolui.

Existem mulheres que têm uma imagem de mãe e maternidade muito negativa, o que as atrapalha para curtir a gravidez.

Se você, mãe, estiver ansiosa, procure distinguir o que provém de sua experiência de maternidade e o que são crenças e idéias de outras pessoas internalizadas em você. Sua mãe pode ter tido gestações supercomplicadas, tensas, com muito mal-estar físico, mas isso pode não acontecer com você. Sua irmã pode ter tido muitos

problemas com seu cunhado durante a gestação do filho, mas é possível que seu marido esteja tão junto de você como nunca.
O instinto paterno é algo mais sutil ainda, pois no reino animal o papel do macho restringe-se, na maioria das vezes, à fecundação; alguns ficam com a fêmea até ela dar à luz. Assumir a paternidade durante longo tempo é exclusivo do homem.
Somam-se a isso a programação e o treinamento cultural do homem, desde menino, para deixar a prole ser cuidada pela mulher.
O marido que não tem a mínima idéia do que é segurar sequer uma boneca nos braços vai ter então de aprender a dar banho no próprio filho. Embora muitos pais fiquem excitados com a oportunidade de aprender e curtir uma novidade, a maioria tem vergonha de enfrentar sua inabilidade. Cabe aqui um conselho: relaxe e saiba que o mais importante não é "como" você faz, mas o amor com que cuidará do bebê.
Cabe ao ser humano transformar os papéis culturais e evoluir para, com paciência e dedicação, trilhar um dos principais caminhos para atingir a maturidade.

O bebê chegou!

Como sempre, sem manual de instruções, ou seja, é preciso aprender como ele "funciona" através da experiência.
Mamãe e papai, não tenham pressa de entender todos os mecanismos de seu filho. Provavelmente vocês vão demorar uns setenta anos para conhecê-lo. Então, contentem-se em perceber os sinais de fome, de sono, de vontade de tomar banho, de dor de barriga, ou seja, as necessidades cotidianas.
Ah! E ainda tem o choro apenas por vontade de chorar. Pegue-o no colo que logo passa (depois de uma ou duas horas!).

Alguns pais, ao ver o filho chorar por muito tempo, apesar de todos os esforços para apaziguá-lo, começam a ficar com raiva, como se o choro do bebê fosse uma acusação de incompetência ou uma rejeição a seus cuidados. Às vezes é somente vontade de chorar. Se você já ligou para o médico e ele disse que não é nada, se já alimentou a criança, deu água, banho, trocou de roupa, agasalhou, tirou o excesso de roupa, e ela continua chorando, pode ser que esteja querendo agora um pouco de tranqüilidade...

Deixem o bebê um pouco em seu berço, coloquem uma música relaxante e preparem um chá para que vocês dois (os pais) se tranqüilizem. Contem uma boa anedota de pais que não sabem desligar o botão do choro e esperem porque depois de algum tempo o choro passa.

Classicamente, a mãe esquece-se dela, não dorme direito, vive somente para o bebê, repetindo a seqüência de dar de mamar, trocar a fralda, dar banho etc. etc. etc. De repente, chega uma estafa ou, pior ainda, a depressão.

A depressão pós-parto tem algumas causas específicas: às vezes se queria um filho de sexo diferente, geralmente para agradar outra pessoa, ou tem-se a impressão de que a tarefa de ser mãe é impossível de realizar ou, ainda, imagina-se que, com o nascimento da criança, o casamento vai terminar.

A mãe pode ser incomodada ainda por outros fantasmas do inconsciente, estruturados pela crença de que não é uma pessoa capaz e tem de viver sempre agradando os outros.

A melhor maneira de sair dessa situação é ter em mente que ninguém é perfeito.

Aceite estar fazendo o máximo. O seu amor já é suficiente.

Já a depressão que às vezes ocorre à mãe quando o bebê tem entre 6 e 9 meses é diferente. É conseqüência do estado de privação afetiva que ela se impôs ao ficar cuidando só dos outros sem reservar um tempo para se reabastecer.

Ela não fica prostrada como na crise depressiva típica, mas se torna irritadiça, encrenqueira e, ainda que necessite de carinho, mantém os outros afastados. Mais do que nunca, em vez de tomar uma atitude vingativa, do tipo *"já que ela só quer brigar, eu vou ficar longe de casa o máximo possível!"*, é hora de o marido participar das tarefas de casa, cuidar dela e convidá-la a descansar.

Mãe, que tal fazer uma pausa e cuidar de você antes que isso aconteça? Reserve algum tempo para dar uma volta com o marido ou sair com uma amiga. Seu bebê, depois, vai curtir mais você se estiver relaxada e descansada.

A intensidade do seu amor não é medida pelo cansaço!

Pode deixar seu filho uma noite com sua mãe, sogra ou amiga: elas vão cuidar bem dele, e seu bebê não vai morrer de saudade. Não precisa se sentir culpada, pois sair uma noite para passear não vai transformar você em uma mãe perversa. Não é verdade que ser mãe é padecer no paraíso...

Você tem direito à sua vida apesar de ter um filho recém-nascido.

Algumas pessoas evitam deixar os filhos com os avós porque têm medo de que eles transmitam aos netos as mesmas mensagens negativas que lhes passaram. Assim, acabam impedindo que seus bebês recebam dos avós um grande manancial de amor.

Geralmente, os avós se tornam melhores educadores do que foram como pais. As decepções com a educação que deram aos filhos e as próprias frustrações em relação a suas crenças lhes ensinam muito. Claro que não faz sentido deixar que a avó decida a educação do neto, essa missão é dos pais, mas não é preciso dispensar a colaboração dela quando necessário.

O pai, nessa época, curte muito o filho, mas, em geral, não fica mais que uma hora com ele. Parece que o fato de haver trabalhado fora o dia inteiro o desobriga de cuidar do filho. Estar com o filho não é só trabalho, é também prazer.

A maioria dos homens não entende as necessidades da criança, a dedicação da mulher, e começa a cobrar dela que deixe um pouco a criança para ficar com ele. Transformam-se em bebês chorões para conseguir a atenção da esposa, e ela passa a ter dois filhos.

Se você, papai, estiver precisando de colo, que tal procurar sua mãe? Se você quer a companhia de sua mulher, não vai adiantar ficar reclamando que ela não liga para você. O que resolve é parar de se queixar dela e conquistá-la, convidando-a de tal modo que ela tenha vontade de sair.

Mulheres adoram ser paqueradas, especialmente pelos maridos!

É comum, nessa fase, surgir uma crise conjugal, e um dos motivos é o fato de o casal não compreender que o relacionamento precisa evoluir com o nascimento da criança.

Mas, para piorar a situação, os dois às vezes radicalizam posições!

"Eu só vou agir diferente quando ele mudar!"

"Ela precisa compreender a minha situação!"

Ambos estão certos, cada um à sua maneira, e é interessante perceber o que o outro está vivendo e valorizar seus sentimentos.

Existe a idéia errônea de que sobre o mesmo assunto somente um pode estar com a razão. Às vezes dez pessoas estão em posições diferentes e corretas sobre o mesmo tema!

Por exemplo: a esposa fala a verdade quando diz que não tem sido tão companheira de seu marido como sempre porque o bebê exige muita atenção e o marido também tem razão quando diz que ela pode encontrar tempo para o casal. O mais importante, porém, não é saber quem está certo, mas os dois, juntos, encontrarem uma solução para o problema.

Cada um precisa ser ouvido, e uma boa atitude é compreender que o outro está desabafando, e não atacando o parceiro. Com esse procedimento, ambos se sentirão amigos, e não adversários.

Muitas vezes, só por ser e se sentir compreendida, uma pessoa muda sua postura em relação a um problema.

Para resolver as crises conjugais cujo motivo é o filho recém-nascido, a sugestão para o homem é: conquiste sua mulher e participe dos cuidados que o filho precisa receber. Para a mulher: cuide de si mesma, saia para passear. Para os dois: deixem de ser surdos e escutem um ao outro!

Mecanismos de competição

Hoje em dia a vida profissional é uma eterna competição. E há pessoas que exageram no espírito de disputa e criam um clima de final de campeonato todos os dias dentro da própria casa! Esquecem que a cooperação é o melhor caminho para formar uma família gostosa. Quando você estiver com seus entes queridos, não queira ser o maioral. Seja simplesmente um elemento da família e descobrirá que essa tranqüilidade vai transmitir muita segurança para todos.

É impressionante o número de pais que competem entre si para ver quem os filhos amam mais.

Às vezes essa atitude assume a forma de brincadeira de mau gosto; então se torna comum ouvir pais perguntando à criança:

"De quem você gosta mais?"

"Se papai e mamãe brigarem, com quem você fica?"

Outras vezes o jogo é direto e agressivo. Há disputa para ver quem faz mais coisas para as crianças. E para isso não se medem esforços.

O mais triste de tudo é que o filho acaba se convencendo de que, para amar um dos pais, precisa deixar o outro de lado ou rebaixá-lo.

Tudo isso provoca na criança uma sensação de culpa e pode traduzir-se em comportamentos agressivos.

Ninguém gosta de perder!

Quando um dos pais perde, o sentimento de derrota vai levá-lo a fazer algo maior ainda para conquistar o amor da criança, que, de-

pois de algum tempo no meio de tanta pressão para assumir um dos dois, vai experimentando uma sensação de solidão e de falta de compreensão.
Outro tipo de competição na família é aquele em que o pai ou a mãe querem mostrar ao filho que são os melhores e que ele, uma simples criança, não é nada. Geralmente, nesses mecanismos de estimulação da competição...

O pai está sempre desqualificando o filho:
"Você não faz nada direito!"
"Não fez nada mais do que sua obrigação!"

E sempre se autopromovendo:
"Olhe como o seu pai é sensacional!"
"Não falei que isso ia acontecer?"
"Tudo o que eu faço dá certo!"

O pai se compara com o filho e este sempre fica por baixo:
"Com a sua idade eu já ganhava meu próprio dinheiro!"
"Enquanto você vai com o milho eu já volto com o fubá!"

O pai ameaça com a força física:
"Não vem cantar de galo que eu te arrebento!"

O pai leva o filho a se sentir culpado pelo sucesso:
"Para você se formar não imagina como eu me sacrifiquei!"

O pai brinca, ironizando o filho:
"Você é ótimo mesmo! Olhe a bobagem que fez!"

Nessas situações em que o pai compete com o filho, ou a mãe com a filha, resta para a criança, em situação de inferioridade, somente a derrota. O sucesso é todo para os pais, e ela imagina que será sempre a sombra de seres tão bem-sucedidos!

A mensagem que esses pais enviam a seus filhos é: eu sou melhor do que você. Isso pode gerar no filho apatia ou acomodação, porque ele tem a ilusão de que não é capaz de realizar suas metas...

Mas por que é preciso competir?

Isso se baseia na crença de que a pessoa não é capaz de conquistar amor de forma constante e, portanto, quando consegue alguém que a ama, quer assumir o controle dessa pessoa para garantir uma quantidade de afeto permanente.

É importante termos em mente que nossas crenças vão se realizar. Se no fundo acreditarmos que não somos capazes de conquistar o afeto de alguém, vamos acabar nos isolando.

Acreditar que não somos capazes de conquistar amor de forma constante é a base do fechamento e do empobrecimento da família. Por causa dessa crença, o núcleo familiar deixa de ser um espaço de crescimento para se tornar um local de proteção contra pessoas de fora que podem aparecer para levar o afeto da pessoa querida.

No núcleo familiar freqüentemente faz-se o jogo de premiar quem dá mais garantias de amor aos pais, e essas provas são dadas muitas vezes à custa do afastamento de vocações e desejos. Então a família torna-se uma prisão em que até um genro ou uma nora são vistos como ameaças porque, hipoteticamente, vão tirar afeto de alguém comprometido a dar amor para os pais.

Quando a família é vista como um sistema aberto, existe a compreensão de que essas pessoas podem enriquecer os relacionamentos dentro do grupo e trazer novas perspectivas.

A competição é um sentimento derivado da pobreza, da miséria, de imaginar que na vida somente existe lugar para um vencedor. Difere da capacidade de valorizar o outro, que provém da abundância, da riqueza, porque ninguém vai ocupar o lugar de ninguém, independentemente de cargos e papéis. Cada pessoa vai estar sempre no seu exato lugar, recebendo o reconhecimento que merece e emitindo brilho próprio.

Se você está sentindo vontade de competir com as pessoas de sua família, lembre-se: elas estão em sua vida para ser amadas, e não derrotadas.

Conviver

O contrário de competir é conviver.

E conviver com os filhos muitas vezes é aprender que mais importante do que lhes dar um brinquedo é saber brincar com eles.

Quando me perguntam que tipo de brinquedo dar aos filhos, imediatamente respondo: "Gente!" Os melhores brinquedos para uma criança são os pais — e outras crianças!

Existem pais que dão muitos brinquedos aos filhos para que eles fiquem distraídos e não interrompam suas ocupações. Outros os enchem de brinquedos na esperança de demonstrar amor. Os filhos passam a amar os brinquedos e não valorizam as pessoas.

Compare uma criança manuseando sozinha o controle remoto de um caríssimo robô cheio de luzes com outra aprendendo a fazer uma simples pipa com seu pai. Qual das duas é mais feliz?

A presença dos pais pode transformar a pracinha do bairro num parque de diversões, assim como a companhia de amiguinhos tem o poder de converter o beliche do apartamento numa cabana construída no meio da floresta. A criatividade é um grande tempero não só em relação a brinquedos e brincadeiras, mas em todos os aspectos da vida.

Gente precisa de gente por perto.

Isso não quer dizer, porém, que os brinquedos sejam nocivos ou desnecessários. Pelo contrário, exercitam a criatividade e ajudam a criança a entender o mundo dos adultos.

Algumas vezes, contudo, nossos filhos passam a impressão de que só se sentem amados quando ganham presentes. Isso geralmente acontece quando os pais não têm critérios claros para presentear os filhos ou só demonstram seu amor através de agrados materiais. Muitas vezes o filho não quer sair com a mãe para passear e o pai, tentando convencê-lo, diz: *"Vá com sua mãe que ela vai comprar um brinquedo para você..."* Essas crianças aprendem que o brinquedo é mais importante do que a companhia dos pais... Quando crescem, podem comprar todos os brinquedos que quiserem, mas não encontram motivos para curtir a presença dos pais.

Tenha bem claro: aproveite para brincar com seu filho agora. Nem que seja por dez minutos, de manhã, antes de sair para o trabalho. Tenho certeza de que seu dia será mais colorido.

Perigo!

Todos nós, pais, temos medo de que algo ruim aconteça com nossos filhos. Aliás, nem todos, somente os normais pensam assim. Existem, porém, aqueles que exageram em suas preocupações e acabam contaminando os filhos com seus medos. Infelizmente, muitos desses pais passam a sentir menos medo quando conseguem aumentar e multiplicar o medo na vida de seus filhos.

Um exemplo é o daquela mãe apavorada com a possibilidade de sua filha morrer afogada na piscina. Tortura tanto a menina que ela acaba ficando com medo da água. Em lugar de ensinar a filha a se cuidar na piscina, transfere-lhe a neura...

Se você é uma dessas mães que vivem apavoradas com a possibilidade de que alguma desgraça aconteça com seus filhos, é fundamental que saiba eliminar esse medo dentro de você para que os filhos não se privem de fazer coisas que podem deixar a mamãe assustada.

Dizem que anjo da guarda de criança se aposenta com menos tempo de serviço!

É importante que os pais ajudem os filhos a ter real noção das situações perigosas e os ensinem a proteger-se.

É, por exemplo, importante que a criança crie o hábito de descer do carro do lado da calçada sempre. Nesses casos, não há acordo nem exceções. **A criança deve desenvolver o sentido de segurança.**

Assim, se a criança está tendo uma atitude que põe em risco sua vida, é necessário que os pais parem o que estão fazendo, expliquem a ela o significado de sua ação e firmemente exijam que se proteja.

Quando uma criança tem noção de situações potencialmente perigosas, ela, além de se proteger, saberá procurar a ajuda de alguém confiável não só para si mas também para seus irmãos e amiguinhos.

Os pais podem falar abertamente, sempre respeitando a capacidade de compreensão da criança, sobre assuntos que digam respeito à sua segurança, tais como não aceitar presentes de estranhos e o que fazer em caso de assalto ou incêndio, de maneira que a criança vá adquirindo a consciência de como proceder nesses casos. Essas conversas devem ocorrer numa atmosfera suave para não gerar na criança medos exagerados.

Alguns pais têm uma crise de nervos só com a idéia de o filho passar uma tarde na casa do amiguinho ou passear com a tia. Às vezes acordam à noite sobressaltados pensando que o filho morreu, vão em prantos até seu quarto e ficam observando sua respiração para ver se ele continua vivo.

Muito desse pensamento catastrófico vem de uma experiência dolorosa pela perda de uma pessoa querida, seja o pai morrendo repentinamente de enfarte, seja um acidente fatal com um amigo. A marca dessa dor fica gravada e o medo de que uma desgraça se repita faz essa pessoa viver aos sobressaltos.

Existem, também, aquelas pessoas que não são autônomas: ou não se realizaram na vida profissional, ou não aprenderam a ter amigos. Vivem basicamente de sua relação com os filhos e o cônjuge. Ficam dependentes deles e exageram a necessidade de permanecer em casa para não ter de enfrentar suas dificuldades lá fora.

Nesses casos, o melhor é aprender a realizar suas vidas e entender que os filhos não são repetições de nada nem de ninguém.

Portanto, proteja seus filhos, cuide bem de sua vida, acredite na Existência e relaxe.

O trabalho dos pais

Trabalhar é muito mais do que o sacrifício diário para conseguir um salário no fim do mês. Trabalho é sua realização como ser humano, é sua maneira de concretizar sua missão no planeta. Por isso, a carreira profissional não deve ser um empecilho à realização familiar. Infelizmente, para algumas mulheres, integrar a vida profissional e a familiar ainda se apresenta como fonte de angústias.

Especialmente na primeira infância, é incômodo para a criança separar-se dos pais durante o dia. Ela não entende o porquê dessa situação. Para ela qualquer afastamento deles é indesejável. É importante, porém, que a criança aprenda a lidar com a própria vida e a estar feliz mesmo que seus pais não estejam por perto.

Com o tempo, as crianças vão entendendo que os pais saem quase todos os dias para trabalhar e elas começam a ficar curiosas para saber o que os pais fazem durante a manhã...

"O que é trabalhar? Onde mamãe trabalha? Por que papai trabalha?"
Os pais precisam ter uma consciência clara de que trabalhar é mais do que um dever, é uma forma de atingir autonomia e realização.
Quando os pais demonstram tranqüilidade a respeito da carreira profissional e organizam bem a vida dos filhos, estes aceitam sua saída matinal sem nenhum drama.
Quando os filhos percebem que a mãe sai para o trabalho com culpa, a tendência é fazer uma choradeira para ver se ela desiste de sair e fica com eles...
Dentro do possível, é bom que os pais levem os filhos para conhecer seu local de trabalho. Onde é, como é, quem são seus colegas de serviço, o que a mãe/o pai faz ali todos os dias.
Muitas pessoas passam para o filho a idéia de que trabalhar é um sacrifício cujo único objetivo é poder pagar as contas e comprar brinquedos. Essa postura gera no filho uma sensação de culpa e dívida para com os pais por eles terem de sofrer para sustentá-lo e diverti-lo.
Se o seu trabalho não o satisfaz por algum motivo, não adianta descarregar nas crianças essa insatisfação. Procure transformar seu trabalho numa fonte de prazer para que ele não se transforme numa fonte de compaixão.

Culpa

Nem sempre a culpa é um sentimento ruim. Quando em excesso, pode causar problemas em nossa auto-estima, por não nos aceitarmos como somos. Por outro lado, a ausência total de culpa pode desencadear um mal tão terrível quanto seu excesso. Uma pessoa que não se sente culpada por transgredir uma norma social acaba se marginalizando. Um pai sem culpa pode abandonar o filho com a "consciência tranqüila", e a culpa seria uma forma de mostrar consciência de seu papel.

A culpa pode ser importante porque faz você prestar atenção no que tem valor na vida e tomar providências no momento em que não age de acordo com a pessoa que você é.

Não há dúvida, por outro lado, de que nossa sociedade costuma cultuar a culpa, fazendo com que as pessoas se sintam culpadas por coisas incabíveis. O pai que pede ao filho para não sair durante a semana, para poder estudar, porque no semestre passado teve um desempenho ruim na escola, por exemplo, pode sentir-se culpado. A sociedade lhe diz que o filho tem de aproveitar a vida, e o pai não tem forças para exigir o que deveria.

Uma pessoa pode sentir-se culpada também porque não cuida de todo mundo, e cuidar de todo mundo acaba sendo a sua desgraça porque não cuida de si mesma. Há pessoas que se sentem culpadas por ver outras passando fome no mundo e cobram de si mesmas um comprometimento social. *"Roberto, mas não é para a gente fazer um trabalho social, engajar-se etc.?"* Sim, engajar-se e comprometer-se, mas a motivação não pode ser a culpa! Se você se revolta contra as injustiças que vê e tem condições de reparar, faça-o não porque pensa que você as causou nem porque se sente mal por passear com seu filho e ver mendigos na rua. Faça-o porque se sente chamado a colaborar para um mundo melhor.

Quando você estiver com algum sentimento de culpa, pare e pense: *"Qual é a razão deste sentimento? Por acaso existe algo que eu possa fazer para mudar a minha vida?"* Se realmente existe algo que você pode fazer para mudar, então tem o dever de realizar essa mudança. Agora, se você está se sentindo culpado, por exemplo, porque não telefonou para seus pais todos os dias da semana, então precisa imediatamente trabalhar esse sentimento que atrapalha a sua vida — e a vida de seus pais!

Quando nos sentimos culpados por não fazer as pessoas em nosso redor mais alegres simplesmente porque aprendemos a sentir culpa pelo fato de não conseguir realizar tal tarefa, não nos sentimos no direito de ser felizes e curtir a vida. Quero que você seja feliz, mesmo enfrentando mil problemas, e esta felicidade fará, com certeza, as pessoas em seu redor mais alegres!

Se seu filho começa a chorar quando você está saindo para trabalhar, pense um pouco, veja se não dá para chegar um pouco atrasado nessa manhã, ligue avisando e curta seu filho sem culpa! Mostre quanto ele é importante para você.

A culpa é um sentimento que acompanha muitos pais, especialmente as mães que trabalham fora e acham que não estão cuidando dos filhos como deveriam.

Algumas vezes — poucas —, o sentimento de culpa é positivo porque orienta a pessoa a fazer algo importante de que ela está descuidando.

Um executivo, por exemplo, que viaja e trabalha demais e não dá tempo aos filhos pode (e deve) sentir-se culpado. Esse sentimento está lhe dizendo que há outras prioridades na vida. Não só a de cuidar dos filhos como obrigação mas, sobretudo, a de realizar sua vocação de pai.

Outras vezes, a culpa pode ser um sintoma de onipotência. As mulheres que trabalham fora são mais suscetíveis de cultivar esse sentimento.

Hoje, é comum encontrar aquela mulher que, terminado o expediente, pega as crianças na escola, brinca com elas, faz o jantar e, ao mesmo tempo, acompanha os deveres escolares dos filhos. Quando o marido chega, encontra tudo pronto. Jantam, ela ajeita a louça, preocupa-se com a empregada. Obriga-se a cuidar dos filhos mesmo que esteja doente ou muito cansada. Depois que eles dormem, ainda sai para visitar os pais. No dia seguinte, acorda muito cedo, deixa as instruções com a empregada, dá um jeito de vir almoçar correndo em casa, engole a comida, leva as crianças para a escola, conversa com a professora, cuida do trabalho de outros no serviço. E, por incrível que pareça, mesmo depois de tudo, ainda consegue se sentir culpada!

A culpa, nesse caso, é um sinal de que ela está assumindo mais responsabilidades do que lhe convém. Essa mulher precisa se respeitar como mãe, esposa e profissional, fazendo o que é possível, sem se destruir, e procurando ter prazer na vida.

Se os pais vivem se sentindo culpados, possivelmente vão estimular os filhos a cultivar culpas exageradas. Nossa tendência é exigir dos outros o que exigimos de nós mesmos.

Pai, mãe, procurem conectar-se com o coração, sem alimentar culpas inconsistentes e destrutivas, e fazer — seja o que for — sempre por amor e pelo prazer de estar com aquela "pessoinha querida", dando-lhe carinho e atenção. Mas não abram mão do seu projeto de vida. Busquem a realização, pois dessa maneira a convivência familiar torna-se saudável, sem transferir frustrações de uns para outros.

Sexualidade

Por mais que todos concordemos com essa realidade, nunca é demais lembrar: sexo é uma energia natural. E, como algo natural, causa problemas quando proibido. E, se for supervalorizado, causa outro tipo de dificuldade.

Há alguns anos, as dificuldades relacionadas à educação sexual diziam respeito somente a pais que proibiam qualquer manifestação de sexualidade na vida dos filhos. Hoje, temos outro tipo de problema: uma forma exagerada de enfatizar a sexualidade dos filhos.

Mães que falam para a filha de 2 anos que ela vai namorar o filho do amigo, de 3 anos, estão propondo uma dimensão sexual que acaba interferindo no livre-arbítrio que duas crianças podem ter.

Pais que vestem as crianças com certo tipo de roupa estimulam a sexualidade delas precocemente, supervalorizando o sexo sem a menor necessidade.

E, cá entre nós, o sexo é importante, mas não deve se transformar numa obsessão.

Em outra direção, infelizmente muitos pais ainda pecam por considerar o sexo algo feio.

É importante que o pai saiba que a projeção da filha sobre ele é somente uma forma de utilizá-lo como espelho para saber como está sua imagem feminina, e não um convite real para uma relação sexual.

Como a sexualidade é uma energia presente na vida do indivíduo desde a mais tenra idade, os pais devem estar abertos e preparados para conversar com os filhos sobre o tema quando ele aparecer.

Atualmente, os estudiosos da educação sexual têm afirmado que é melhor esperar os filhos apresentarem os questionamentos para, então, elaborá-los juntos.

Normalmente, os assuntos sexuais fazem parte das conversas dos filhos a partir dos 3 anos, e não apenas na adolescência, como muitos supõem. É bom ter em mente a capacidade de compreensão da criança. Daí a razão de suas perguntas:

"Mamãe, como eu nasci?"

"Papai, por que a tia Maria ficou com a barriga daquele tamanho?"

"Como os passarinhos fazem seus filhotes?"

Esse é um tema sobre o qual os pais devem se informar fazendo boas leituras, indo a palestras, conversando com amigos. Só assim será possível compartilhá-lo com os filhos.

Quando a menina tem sua primeira menstruação e o menino suas ejaculações, ocorre um marco não só em sua história sexual mas em sua maturidade de vida. É importante que essa passagem seja compartilhada com as pessoas queridas como uma comemoração do crescimento do indivíduo, sem falso pudor nem inquietações.

Na sociedade atual são raros os rituais que assinalam para a criança que sua infância terminou e está começando sua vida adulta.

O *bar mitzvah*, um ritual da religião judaica, é uma das poucas cerimônias de iniciação que ainda são celebradas. É importante porque indica para o indivíduo e para seu círculo social que as relações estão se transformando, e o jovem terá mais liberdade, confiança e responsabilidade.

É aconselhável que as famílias realizem cerimônias que sinalizem tais mudanças nas relações.

Para as adolescentes, convém fazer a comemoração por ocasião da primeira menstruação. Pode-se programar, por exemplo, um jantar íntimo. Em conversa informal entre pais e filhos, diz-se que naquele dia está nascendo uma mulher. Ela tem agora a capacidade de procriar, de assumir a responsabilidade por sua vida. Formulam-se votos de que ela tenha consciência de sua capacidade e todos prometem valorizar isso.

Os adolescentes, quando existe diálogo aberto, vão falar ao pai sobre suas primeiras ejaculações. O pai então pode organizar uma viagem, só os dois, com atividades físicas ao ar livre, como caminhadas na montanha, acampamento e pescaria, de modo que os dois se conectem com o homem das cavernas que existe neles. Na volta, pode-se realizar um jantar familiar para a apresentação do novo homem que nasceu.

Essas são somente sugestões. Cada família encontrará seu jeito. O importante é assinalar, na vida da família, que, a partir daquele dia, as relações serão mais adultas.

É realmente fundamental que os pais levem a sério a passagem da infância para a adolescência confiando mais nos filhos e aceitando suas escolhas amorosas e sexuais.

Os pais devem dialogar, estar disponíveis para ajudar, falar dos cuidados anticoncepcionais (é importante lembrar ao adolescente que talvez a única coisa definitiva na vida sejam os filhos), ouvir o relato de suas desilusões amorosas, mas é indispensável que as escolhas dos filhos sejam respeitadas.

Os pais podem até dizer que não gostam do namorado da filha ou da namorada do filho, mas atacá-los só vai criar distanciamento.

Todos os pais, no fundo, gostariam que os filhos encontrassem um parceiro, que eles se amassem, se entendessem, fossem felizes a vida inteira e nunca experimentassem a menor desilusão.

Mas o amor é como um surfista, às vezes está em cima e outras embaixo da onda, com freqüentes tombos. O que vale é ter paciência e esperar a próxima onda.

O amor não é coisa para covardes. Supõe riscos, ganhos e perdas. E é dentro desse espírito que o aprendizado da sexualidade vai se realizando o mais satisfatoriamente possível.

Homossexualidade

Uma das grandes inseguranças na criação dos filhos é o homossexualismo.

Alguns pais ficam preocupados porque suas crianças não têm a postura habitual que se espera do sexo delas.

Há meninas que não gostam de brincar com bonecas nem demonstram a sensibilidade que a sociedade padronizadora espera delas.

Há meninos sensíveis que não gostam de brigar com os outros nem ficam brincando de mocinho e bandido.

Isso não significa que essas crianças vão se tornar homossexuais quando adultas. É grande o número de meninas muito sapecas, do tipo moleque, que quando chegam à adolescência desabrocham em feminilidade. Meninos de muita sensibilidade tornam-se homens másculos.

E muitas vezes, quando adultos, podem guardar traumas oriundos de conversas embaraçosas com os pais por causa de idéias absurdas que não fazem o menor sentido para a criança. Ficam as dores, mais no coração do que no corpo, das surras que o menino levou para aprender a agir como homem. Ficam as humilhações que os pais fizeram e permitiram que outros fizessem com a criança.

A criança só quer ser e se descobrir, e de novo a presença da mãe e do pai é o grande estímulo para a descoberta da sua identidade sexual.

A companhia do genitor do mesmo sexo vai propiciar o modelo na descoberta da identidade e a do sexo oposto vai criar o estímulo para a descoberta da energia sexual da criança.

Mas imaginemos que seu filho ou sua filha adolescente faça uma opção homossexual. Talvez ele precise de ajuda, mas o mais provável é que precise de aceitação...

Os pais quase nunca aceitam o jeito do filho (ou da filha) com tendências homossexuais e procuram mudá-lo, levam-no para a terapia, o pai coloca o filho no serviço militar para aprender a ser homem e a filha num curso de boas maneiras ou de manequim para aprender a ser feminina, entre outras tentativas. Por fim, percebem que a opção sexual do adolescente é por pessoas do mesmo sexo.

O único problema é que o filho foi torturado por algo que ele não é.

A primeira coisa a ser considerada é que o homossexualismo é algo mais do que uma opção genital. É uma forma de ver e de se sentir no mundo.

A maior angústia de alguém que tem opção sexual por pessoas do mesmo sexo é a vergonha da reação dos pais quando descobrirem ou a culpa de ver os pais frustrados.

As ciências sociais e psicológicas ainda não conseguiram determinar a porcentagem de homossexuais formada por pessoas com problemas psicológicos nem a formada por pessoas que estão realizando a sexualidade à sua maneira.

Através de terapia, o primeiro grupo pode fazer tanto uma escolha heterossexual quanto homossexual e realizar-se em qualquer uma delas, enquanto o segundo possui uma estrutura que determina outro tipo de ser, e as pressões sobre essa pessoa só vão gerar angústia. Não adiantam psicoterapia nem leituras porque é o seu jeito de ser, particular e individual, psicológico e social. A psicoterapia deveria ajudar essas pessoas a aceitar-se como são, eliminando o sentimento de culpa e a tendência à autodestruição. Na maioria das vezes são os pais que necessitam de terapia para aceitar sua filha ou seu filho do jeito que eles são.

A autodestruição freqüentemente vista em homossexuais é motivada pela vergonha de não se adaptarem aos modelos preestabelecidos pela sociedade. É, numa linguagem simbólica, a vontade de destruir uma pessoa que causa vergonha nas pessoas que ela ama.

Há muitas pessoas lutando desesperadamente contra seus desejos homossexuais porque têm medo de ser rejeitadas e marginalizadas e de não conseguir se realizar afetivamente. Lógico que há muitas outras com dúvidas sobre sua sexualidade e que fazem uma opção heterossexual quando resolvem suas carências afetivas.

Nos Estados Unidos, existe um movimento muito louvável que se chama "Pais e Irmãos de Homossexuais". É formado por pessoas que acreditam na importância de demonstrar, cada vez mais, respeito à individualidade de seus filhos e irmãos.

Está na hora de todos nós aceitarmos as características próprias de cada indivíduo, sem querer enquadrá-lo em padrões predeterminados pela sociedade, e de reconhecer que cada um é dono da própria vida e senhor de suas opções e decisões.

Drogas

Certamente, um dos maiores problemas que as famílias enfrentam são as drogas. Os malditos traficantes têm tido extrema competência para seduzir os jovens a usarem drogas.

E para uma parte dos jovens, que se sentem assombrados e sem pais que tenham a capacidade de conversar com eles de maneira certa e profunda, as drogas acabam se tornando uma opção de comunicação e experimentação do mundo...

Por isso, um conselho: advirta seu filho antes que o traficante o faça!

A droga entra na vida do jovem como a satisfação de uma curiosidade. Todos os seres humanos têm uma curiosidade enorme em relação à vida, ao universo e a tudo o que faz parte dele.

Daí a importância de dar aos adolescentes a oportunidade de realizar experiências de êxtase, estimulando-os a se conectar com a natureza, favorecendo-lhes encontros que os motivem afetivamente, ajudando-os a mergulhar na própria alma.

Na adolescência, a realização da curiosidade é marcada pelo mito da libertação total. Libertação não só dos pais e da estrutura mas também dos medos e bloqueios para poder ampliar os horizontes. É nesse contexto que se inserem as experiências com drogas.

As drogas, sobretudo o álcool, têm o poder de bloquear a repressão. Sua influência na fisiologia cerebral é a de atuar anulando os mecanismos de inibição.

Desativados esses mecanismos, a crítica interna do indivíduo é reduzida, e ele pode ter experiências bem diferentes das habituais.

O grande problema é que as drogas provocam a degeneração física e psíquica do indivíduo e causam dependência. Para voltar a ter as mesmas sensações, a pessoa precisa usá-las novamente e, em geral, em doses maiores.

Freqüentemente, os adolescentes têm o desejo de experimentar algum tipo de droga, seja o álcool, seja a maconha, seja outra qualquer. Uma boa parte deles experimenta algumas vezes e logo abandona porque descobre que a angústia e a depressão do dia seguinte não justificam o prazer da véspera...

O uso constante de drogas por um adolescente muitas vezes é sintoma da dificuldade de curtir a vida ou da inibição diante de pessoas do sexo oposto. Pode ser também um meio de eliminar a sensação de estar perdido na vida, sensação que ocorre quando ele foi muito mimado e, ao crescer, não sabe assumir suas dificuldades.

Nos dois primeiros casos, trata-se geralmente de um tímido, do tipo que leva tudo a sério e morre de medo de ser rejeitado. Evita sexo e namoro porque não sabe demonstrar seus sentimentos amorosos e teme que os outros descubram suas inseguranças e seus bloqueios.

No caso do adolescente mimado, essa é uma fase difícil, pois os pais já não podem dar a ele tudo aquilo que ele quer. As conquistas só vão depender dele. Se não tiver humildade para reconhecer suas dificuldades e se não houver empenho pessoal para mudar, isto é, para se realizar, ele acabará apelando para a droga a fim de manter sua ilusão de poder.

Qualquer que seja a situação do filho que está usando drogas, o primeiro passo é conversar abertamente sobre o assunto. Não com a atitude de quem diz *"agora te agarrei, seu viciado"*, mas como alguém que está interessado em saber o que o filho está vivendo.

Certa vez, uma mãe teve uma reação muito bonita quando descobriu maconha no criado-mudo do filho. Escreveu uma carta e deixou-a junto da droga. Era mais ou menos assim:

Querido filho,
você não precisa disto.
De qualquer maneira, gostaria de saber como está sendo sua experiência com ela.

Quando você achar que é o momento, me procure para a gente conversar. Amo muito você.

Sua mãe.

Conversar com o filho é muito importante. É possível que ele esteja apenas experimentando e vá largar a droga em breve.

Fazer um drama ou escândalo só vai distanciá-lo dos pais. Se os pais reagirem de modo dramático, com expressões do tipo *"eu nunca esperei isso de você!"*, provavelmente ele passará a mentir ou a evitar determinados assuntos. É importante que os pais assumam a parte de responsabilidade que lhes cabe.

Por outro lado, também não devem assumir toda a responsabilidade pelo fato de o filho estar usando drogas. É ele quem as compra, quem as ingere. É nas mãos dele que está a possibilidade de mudar. Quando as soluções comuns são experimentadas sem resultado e tanto o jovem quanto os pais percebem que a situação está se agravando, é hora de partir juntos para uma terapia.

Alguns pais agem de forma comodista mandando o filho para a terapia na esperança de que mude, mas eles mesmos não se envolvem com a situação. É importante perceber que existe, além do filho que usa drogas, a família dele. É melhor que os pais superprotetores não interfiram na terapia, deixando livre o caminho para o filho começar a assumir sua vida. Se o terapeuta precisar de sua participação, pedirá.

Ademais, não tentem demonstrar que são perfeitos, especialmente no período em que o jovem começa a expressar a raiva que conteve durante anos e que possivelmente está procurando reprimir através de drogas. Em geral isso passa, sobretudo se os pais estiverem dispostos a assumir sua parte no problema.

As tentativas de sanar os problemas dos filhos são também ótimas oportunidades de reavaliar a própria vida e descobrir o que deve ser mudado.

Certa vez, um jovem estava se matando com drogas. O pai, chamado para uma conversa pelo terapeuta, foi muito a contragosto e agressivamente dizia não saber por que estava ali. Ele não tinha problema algum, repetia. Quem tinha era seu filho, *"um drogado irresponsável"*. Não houve meio de fazê-lo compreender que ter um filho drogado que queria se matar era um problema do pai também!

É importante que os pais se disponham a dominar os próprios vícios a fim de que tenham força na hora de pedir aos filhos que abandonem as drogas.

Certa vez uma mulher procurou o líder pacifista indiano Mahatma Gandhi e pediu-lhe que aconselhasse seu filho a parar de comer açúcar.

Ele respondeu que voltasse na semana seguinte.

Lá estava ela no dia marcado. Mas Gandhi disse que ainda não estava preparado e que ela voltasse na outra semana. Quando ela voltou com o filho, Gandhi se aproximou do menino e aconselhou-o a parar de usar açúcar. O menino, então, prometeu que faria isso. Surpresa, a mãe perguntou por que ele não havia dito isso na primeira vez, e o sábio respondeu que, como também consumia açúcar, não se sentia em condições de recomendar algo que ele mesmo não conseguia fazer.

Manejo do dinheiro

Uma das atitudes que seus filhos aprenderão com você será em relação ao dinheiro... Se você o despreza, seus filhos tenderão a repetir essa atitude. Se você trata o dinheiro como um amigo que lhe proporciona a materialização dos sonhos, seus filhos também cuidarão do dinheiro com naturalidade.

O dinheiro é um meio de as pessoas conseguirem realizar alguns de seus desejos. Não é bom nem mau, mas se torna um escravizador quando transformado num fim em si mesmo.

Quando alguém o acumula para uma viagem ou um curso, o dinheiro está cumprindo sua função, mas quando o objetivo é meramente fazer crescer as contas bancárias cessa a possibilidade de satisfação, pois a pessoa vai querer sempre acumular mais e mais.

Há duas posturas dos pais em relação ao dinheiro que distorcem a visão da possibilidade de realização de seus filhos.

A primeira é associar o dinheiro à infelicidade ou à sujeira moral:

"Quem tem dinheiro não tem felicidade!"

"O dinheiro estraga a vida das pessoas!"

Nesse caso, a criança passa a ter medo de ganhar dinheiro (pois coisas ruins vão acontecer com ela) ou um sentimento de vergonha por querer ter seu dinheiro (e parecer uma pessoa gananciosa e mesquinha).

O segundo erro é transmitir a idéia de que somente o que é conquistado com o dinheiro tem valor: viagens caras, brinquedos eletrônicos, carros sofisticados, roupas deslumbrantes...

Assim a criança terá a tendência de só valorizar pessoas que têm poder e *status* e poderá sacrificar aspectos importantes da vida pela valorização exagerada da riqueza e da aparência.

Muitos pais perguntam como devem lidar com o dinheiro em relação aos filhos, e novamente existem duas posturas indesejáveis: a dos pais que dão dinheiro aos filhos sem nenhum parâmetro, criando a idéia de que podem comprar tudo o que querem em vez de conquistar seus sonhos, e a dos que agem mesquinhamente, dando dinheiro aos filhos só depois de muita conversa ou depois de eles pedirem muito, a ponto de às vezes se humilharem para conseguir alguns trocados.

Uma forma equilibrada é dar mesada ou semanada, calculando um valor compatível com as necessidades dos filhos e com as possibilidades dos pais.

Essa postura leva o filho a estabelecer prioridades, aprender a valorizar o que tem e tornar-se responsável por seu dinheiro.

Existe, ainda, a possibilidade de os filhos executarem pequenas tarefas dentro de casa para ganhar um dinheiro extra e satisfazer algum desejo especial, o que os ajuda a desenvolver a mentalidade de que podem trabalhar para realizar seus objetivos na vida.

É importante que o desejo de ascensão social dos pais seja realizado de maneira planejada para que eles não submetam a família a uma pressão permanente, a um estilo de vida hipotecado.

Em determinado ano todos os membros da família vivem uma economia de guerra para comprar uma casa nova, imaginando que quando terminarem de pagá-la vão poder relaxar. Mas um dos cônjuges decide que quer ter uma casa de campo, e então recomeça o sacrifício. Depois vêm o carro novo, a reforma da casa e assim por diante.

Tampouco vale a pena sacrificar-se a vida inteira para deixar uma herança material aos filhos. Conscientizá-los de que possuem a capacidade de realizar os próprios objetivos é mais importante do que todos os valores que você possa deixar para eles.

É triste ver que muitos pais erraram querendo fazer o melhor para os filhos, muitas vezes se sacrificando para dar a eles a oportunidade de viver melhor.

É o caso de alguns pais que às vezes trabalham em dois períodos e nos fins de semana para dar mais conforto aos filhos e vivem sempre tensos, com problemas psicossomáticos, não param para descansar, não conseguem ver que poderiam viver mais relaxados e passar mais tempo com seus filhos.

Trabalhe o necessário para materializar seus sonhos, mas não se torne um materialista a ponto de atrofiar seu coração.

O dinheiro

Ele pode comprar uma casa,
mas não um lar.
Ele pode comprar uma cama,
mas não o sono.
Ele pode comprar um relógio,
mas não o tempo.
Ele pode comprar um livro,
mas não o conhecimento.
Ele pode comprar um título,
mas não o respeito.
Ele pode comprar um médico,
mas não a saúde.
Ele pode comprar o sangue,
mas não a vida.
Ele pode comprar o sexo,
mas não o amor.

Cursos extracurriculares

Tenho certeza de que você quer preparar seu filho para ter um futuro de sucesso, mas a melhor maneira de criar um adulto competente é ajudar seu filho a ter uma infância feliz e escapar das garras do mito da supercriança.

Muitos pais sobrecarregam os filhos com aulas de todos os tipos. Querem capacitá-los para uma vida de sucesso. Inicia-se então uma busca infinita de desenvolvimento de todos os seus talentos. Esse corre-corre diário, porém, muitas vezes substitui a diversão e o gosto pelo aprendizado. Instaura-se a angústia da performance. Resultado: essa criança aprende a fazer tudo por obrigação e nada pelo simples prazer de fazer.

Certamente existem crianças com desejo e necessidade de muitas aulas e atividades programadas, mas são minoria. A maioria das crianças precisa de tempo para brincar e descobrir o mundo à sua maneira, sem sermões de que tem de ser bom em tudo, sem necessidade de buscar medalhas de ouro todos os dias.

É interessante a criança ter uma atividade extra-escolar — natação, dança, ginástica olímpica, iniciação artística —, desde que ela estimule o gosto por aprender e ajude a utilizar criativamente energia e talento, respeitando-se o gosto da criança. Portanto, não é errado a criança fazer natação num semestre, ginástica no outro e depois artes. Ela está experimentando diferentes atividades e se descobrindo através delas.

Alguns pais vivem procurando uma genialidade precoce em seus filhos, como se isso fosse algo que tivesse de ser descoberto. O talento especial, quando existe, acaba se revelando naturalmente, e a própria criança vai atrás de sua realização. Não é preciso que os pais fiquem impondo pressão e tensão para o talento se revelar, como alguém que gritasse durante a noite para que o sol nascesse mais rápido.

Talvez você se lembre dos seus estudos de piano na infância porque seus pais queriam e achavam que você ia ser um novo Mozart. Geralmente, o que essa postura cria é uma terrível aversão ao piano.

Se você adora algo em especial, como pintura, música, tênis ou o que quer que seja, pratique-o você. **Não espere que seu filho concretize seus sonhos não realizados nem compense suas frustrações juvenis.** Ajude-o a encontrar o próprio caminho e assim estará realizando seu caminho de pai ou de mãe.

Muitas mães ou pais tornam-se motoristas dos filhos, levando-os de uma aula a outra, correndo angustiados contra o relógio, para que eles façam todos os cursos que os pais pensam ser importantes.

Os pais, em vez de ficar nessa correria e na monotonia das salas de espera dos cursos, poderiam aproveitar esse tempo para estar com seus filhos brincando ou pintando juntos sem nenhum professor por perto, fazendo bonecos de argila no quintal de casa, criando com prazer e na companhia de pessoas queridas.

É fundamental ter prazer no que se faz!

Chega de ficar estimulando o filho a falar inglês para se preparar para o futuro, a treinar natação para ganhar uma medalha na competição ou a aprender piano para ser a sensação da apresentação de fim de ano. Se a criança tiver facilidade para línguas, ganhar a medalha ou for a sensação da apresentação, comemore com ela, mas não faça disso o objetivo de suas aulas, pois aos poucos o despertar da atividade vai ser substituído pelo desejo de ser o melhor.

Querer ser o melhor é uma fonte de angústia sem fim. O indivíduo até pode conseguir, mas logo depois vai se sentir ameaçado por outro, que também se programou para ser o melhor. Simplesmente realize seus talentos e desejos. Os outros são pessoas que também procuram atingir seus objetivos, e não precisam ser uma ameaça para nós.

A melhor maneira de enfrentar uma sociedade caótica é estar centrado em seu ser, não viver preocupado com o que os outros estão conseguindo, mas conectado com seus impulsos, procurando realizá-los.

Toda criança necessita de tempo para viver seus processos internos, sua criatividade, elaborar os acontecimentos em seu redor e também seus sentimentos. Aquele tempo que a criança passa brincando com seus bonecos, criando personagens em sua imaginação e conversando com eles, é fundamental para sua evolução interior. Já o excesso de atividades pode prejudicar irremediavelmente seu desenvolvimento psicológico.

A escola

Bem, o primeiro cuidado a observar na vida escolar de seu filho é que a escola não seja fonte de eternas angústias porque ele tem de ser o primeiro aluno da classe. Aliás, muitas vezes o primeiro aluno da classe não se torna um profissional de sucesso e, infelizmente, vive angustiado com as exigências que ele mesmo se faz em busca da perfeição.

Eu nunca quis que meus filhos fossem os melhores em tudo o que faziam, mas que, em primeiro lugar, tivessem prazer e principalmente comprometimento com seus sonhos.

Mas temos o outro lado da moeda... Muitos pais são desleixados com a vida escolar do filho e acham que ele vai render bem na escola independentemente de acompanhamento e orientação... E os filhos vão se perdendo nos estudos, aos poucos, até que não conseguem mais recuperar-se.

Estudar é a melhor metáfora da vida.

Quando converso com meus filhos sobre os estudos, procuro transmitir a eles a idéia de que não estamos falando simplesmente do estudo, mas da vida...

É através dos estudos e da vida escolar que eles aprendem a importância da organização, da disciplina e da determinação. Eles sabem que podem colar para passar de ano, mas essa atitude, além de antiética, não os ajudará a aprender a matéria nem a alcançar competência.

Através do desenrolar da vida, seu filho entrará em contato com o mundo. Por isso, é fundamental você estar junto dele. Não para fazer sua lição de casa, mas para dar suporte e motivá-lo quando as coisas parecerem difíceis.

A escola é muito mais do que um lugar para seu filho aprender matérias e ganhar um certificado.

Lá a criança desenvolve sua socialização. Encontra crianças de sua idade, exercita os sentimentos de aceitação e rejeição, relaciona-se com outros adultos e descobre que o mundo vai além de sua casa. **Por esses motivos, o primeiro ponto a ser levado em conta na escolha de uma escola para os filhos é que ela deve ser a continuação dos valores do lar.** Não é bom quando as regras em casa são muito rígidas e a escola é experimental, ou vice-versa. Isso pode gerar insegurança e ambivalência na criança.

Um bom caminho para tomar essa decisão é ir até a escola e conhecer suas instalações e os professores e orientadores, além de seu sistema de ensino e sua visão do ser humano.

Uma vez escolhida, acompanhe seu filho à escola, veja como se sente, conheça seus amigos, vá às reuniões.

Essa atitude é particularmente importante no período de adaptação, pois hoje as crianças entram na escola cada vez mais cedo. O ingresso na escola deve ser acompanhado de perto pelas mães e pelos pais.

Muitas crianças atravessam um período em que não querem ir nem ficar na escola. Crescer dá medo, exige mudanças, e com seu filho não vai ser diferente. A primeira providência é conversar com a professora para saber o que está acontecendo. Trate os professores como parceiros na educação de seu filho, a não ser que você tenha motivos claros para concluir que não estão preparados para a função.

Verificando que está tudo bem, leve a criança à escola, espere o choro passar e dê o tempo necessário para ela se sentir capaz de enfrentar o desafio.

Os problemas seguintes geralmente ocorrem com a alfabetização, quando a criança enfim vira estudante. Surgem novas exigências, como concentração, disciplina e coordenação motora mais apurada para a escrita.

É importante, nessa época, que a criança tenha um horário e um lugar determinados para estudar. Tanto o pai quanto a mãe devem acompanhar as lições de casa e comemorar seus progressos. As notas altas devem ser festejadas (abandone aquela idéia de que ela não fez nada além da obrigação), assim como as notas baixas devem ser cuidadas.

Quando surgirem problemas — e eles acontecem com quase todas as crianças —, evite acusar alguém. *"Meu filho é perfeito, a professora é que é uma megera"* ou *"Meu filho faz tudo errado"* são frases que não levam a nada. Há pais que se acusam mutuamente pelas dificuldades do filho, e essas brigas tornam a iniciação escolar ainda mais angustiante para a criança. Mais uma vez, a atitude correta é dialogar com os profissionais da escola e também com o filho.

Casamento e filhos

O budismo nos ensina o caminho do meio: como melhorar a forma de atingir a felicidade, nunca cair nos extremos, nem excesso de trabalho nem acomodação... O equilíbrio deve ser fundamental. Há casais que, depois do nascimento dos filhos, mergulham na viagem de curti-los e abandonam a poesia do casamento.

Na vida familiar é importante saber conciliar os filhos, um casamento romântico e criativo e o respeito, para que cada membro da família realize seus projetos pessoais. Filhos são importantes, mas o casamento também é, assim como cuidar bem dos projetos individuais. A falta de equilíbrio em saber cuidar desses três aspectos, permanentemente inevitáveis, gera problemas no futuro.

O casal precisa de tempo para evoluir e manter sua alegria. Namorar de vez em quando, viajar juntos, sair para conversar, atualizar seus planos...

Todo indivíduo precisa de espaço para cuidar de suas coisas, de tempo para ganhar o próprio dinheiro, de momentos de lazer com os amigos, praticar seu talento artístico na música, na pintura, na literatura, fazer ginástica...

Quem já passou pela experiência de escutar da mãe *"eu nunca saí porque tinha que cuidar de você"* ou do pai *"minha vida era só trabalho e casa"* sabe o peso que é se sentir responsável pela infelicidade da pessoa querida.

É importante, por isso, até mesmo para os filhos, que os pais sejam um modelo de realização, e não de frustração. Os filhos precisam ver que os pais se amam, se desejam e se tratam com carinho e ternura. Não há nada de errado quando os filhos vêem os pais se beijando!

A liberdade dos pais ajuda o filho a criar a própria liberdade, e este, vendo como os pais sabem cuidar de suas vidas, torna-se independente para criar os próprios projetos de vida.

Os filhos não devem se sentir ligados aos pais pelo sentimento de culpa nem se obrigar a visitá-los para lhes dar umas migalhas de alegria. Os filhos devem procurar seus pais pelo carinho e prazer de estar com eles e principalmente por admirar a maneira como eles sonhavam evoluir como pessoas num casamento sempre cheio de alegria e desejo.

A principal realidade que um casal pode transmitir aos filhos sobre a arte de viver a dois é que o casamento é a forma mais sublime de amizade!

Esse relacionamento vai funcionar quando os dois tiverem condições de se mostrar de verdade, sem manipulações, e conseguirem elaborar cada vivência como um processo a ser respeitado, e não simplesmente como uma ameaça à sua situação.

É importante que o casal torça pelas vitórias um do outro!

Que o crescimento dos pais como marido e mulher seja um convite para que os filhos também procurem um casamento feliz e equilibrado.

Os filhos nas crises conjugais

O casamento é um compromisso que duas pessoas fazem para compartilhar um caminho de evolução a dois.

À medida que o tempo passa e cada parceiro vai se revelando para si mesmo e para o outro, novas posturas são solicitadas de todos os membros da família. Quando alguém não cresce também, geralmente inicia um processo de manipulação para regredir a um estágio anterior da vida familiar e do casal.

Esse retorno muitas vezes é impossível, pois seria o mesmo que pedir a alguém cujo pé cresceu para continuar a usar um sapato que já não lhe serve mais.

Por exemplo: quando os filhos entram na adolescência e começam a ter os próprios programas e os pais não evoluem, acabam cobrando deles que mantenham padrões de comportamento da infância.

Nesse caso, é importante perceber que está sendo solicitada dos pais uma nova maneira de ver os filhos e também o próprio casamento.

Muitas vezes o casal adia o enfrentamento de suas frustrações conjugais porque dá prioridade excessiva ao cuidado dos filhos. Quando as crianças crescem, o casal precisa ter a coragem de se olhar de frente e perguntar: *"Como vamos estruturar nossas vidas agora que temos mais tempo só para nós dois?"*

Em vez de conversar sobre suas dificuldades, alguns pais transformam os filhos em pombos-correios para dar recados ao outro, mensagens que eles próprios não têm coragem nem habilidade de dar.

Outros tratam os filhos como confidentes, geralmente porque são inábeis em ter amigos e confiar neles.

Uma criança tem capacidade limitada de entendimento do mundo. Quando ouve o pai desabafando sobre a mãe, ou vice-versa, começa a tomar partido, achando um bom e outro mau. Não sabe que um marido com problemas pode ser um pai amoroso.

Os sentimentos de culpa e dor geram na criança a responsabilidade pela vida de quem supostamente deveria estar cuidando dela. Esse mecanismo chama-se *adoção dos pais*, ou seja, a criança trata os pais como se fossem seus filhos, fica preocupada com eles e passa a cuidar deles para que não se sintam infelizes.

É interessante que os pais, de preferência juntos, conversem com os filhos a respeito do momento que estão passando, o que ajuda a dissipar idéias errôneas que eles possam estar criando, tais como *"meus pais estão de mau humor porque eu fui mal na escola"*, o que faz com que as crianças passem a apresentar mais problemas de escolaridade do que o normal. Isso ocorre pela angústia de estar diante de uma situação que não é esclarecida.

É bom lembrar, durante todo o tempo da conversa, que estão falando com seu filho, e não com um juiz que vai decidir quem está certo nem com um terapeuta que vai aconselhar os dois.

A dor de saber a verdade é muito mais digerível do que a incerteza de não saber o que está acontecendo.

É importante, porém, não só cuidar dos filhos durante a crise mas também assumir sua parte nela, não jogar responsabilidades pessoais nos ombros do outro e saber entrar na nova fase de relacionamento que se apresenta.

Separação

Duas pessoas que caminham juntas podem, a partir de dado momento, optar por caminhos diferentes. Quando a fórmula de realizar desejos diferentes não é encontrada, torna-se difícil permanecer juntos e a separação é quase inevitável. A não ser que não haja amor entre os dois, a separação é um processo muito dolorido, mesmo para a pessoa que se decidiu por ela.

A maneira mais fácil é os dois optarem pela separação. Ambos percebem que é chegado o momento de cada um cuidar de si, mas geralmente o que acontece é que um decide e o outro aceita, e o mais difícil é quando um decide e o outro não aceita a separação.
Sem dúvida, o melhor para a criança é a família unida à procura de soluções. Mesmo para as crianças, porém, é melhor ter pais separados e felizes do que juntos, torturando-se com brigas, choro, angústia, e ela no meio do tiroteio.
Por isso não é boa a idéia de manter o casamento a qualquer custo por causa dos filhos, pois, se o preço for muito alto, a conta vai ser paga por eles através do clima de terror e incerteza à espera da próxima explosão ou pelo peso colocado em suas costas na missão de procurar unir os pais.
É bastante comum, quando o casal está em via de separação, um dos filhos apresentar problemas de saúde, escolaridade ou relacionamento com os irmãos como forma de, criando um problema maior, levar os pais a abandonarem a idéia de separar-se.
Se o casal está conversando seriamente sobre separação, é importante pôr os filhos a par do que está acontecendo, inclusive abrindo espaço para que a criança demonstre seus sentimentos e receba a proteção de que necessita nesse momento de dor e incerteza. Sobretudo, que tanto a mamãe quanto o papai assegurem que, apesar da separação, eles continuarão a amar o filho como sempre.
É também importante que na nova casa de quem sai haja o espaço da criança, mesmo que não seja um quarto só dela, para que sinta que existe um lugar só seu na nova vida dessa pessoa.
Quando um decide e o outro aceita a situação, a separação também é estressante para a pessoa que sai porque, além da dor do final da relação, carrega consigo uma culpa significativa, algo que persiste em seus pensamentos (*"Será que eu fui justo em quebrar uma pro-*

messa? Se eu tivesse continuado, as coisas não teriam melhorado? Eles estão sofrendo por minha culpa!").

A situação de quem sai de casa é muito especial, e ele deve tomar alguns cuidados. O primeiro é ter a coragem e a paciência de dar oportunidade ao ex-cônjuge de expressar raiva e ressentimento. Trata-se de uma atitude de respeito por alguém com quem se compartilhou a vida. Muitas vezes, dessas discussões surge uma nova maneira de ambos se encararem. O canal do diálogo deve sempre estar aberto, pois, apesar de o casamento ter acabado, a relação continuará para sempre como pais dos filhos.

Às vezes, a pessoa que sai está apaixonada por outra e vê o ex-parceiro como um peso do qual quer rapidamente se livrar. Não entende que a separação leva tempo até ser elaborada, geralmente entre seis e nove meses (muito mais que isso é usar a separação para não enfrentar as dificuldades de arrumar um novo par).

Quem é obrigado a aceitar a separação geralmente entra em intenso processo de depressão, pois seu projeto de vida subitamente desaparece, seu futuro desmorona e ele fica oscilando entre se sentir o lixo do universo e culpar o outro por sua desgraça.

Então a pessoa começa a ampliar sua dor, sobretudo aumentando as incertezas: *"Agora ninguém vai me querer mais!"*, *"Eu sempre faço tudo errado!"*, *"Se eu não fosse tão crítico (ou submisso) isso não teria acontecido!"*

Nesse estado, a pessoa transforma o futuro em penitência e todo o passado em erro.

Às vezes, para amenizar sua dor, começa a procurar argumentos para provar que nunca houve amor, o que acaba aumentando o sofrimento, pois conclui que não foi amado. Daí para se considerar alguém incapaz de ter um amor de verdade basta um passo.

Quando um casamento acaba, isso não significa obrigatoriamente que ele fracassou, da mesma forma que, quando dura por toda a vida, que foi um sucesso. Muitas vezes o preço de mantê-lo é a anulação de uma ou das duas pessoas.

Às vezes um casamento acaba porque completou seu ciclo, as duas pessoas deram o melhor de si e viveram tudo o que tinham para viver juntas e a própria vida as levou para outros relacionamentos.

Quando alguém se sente abandonado, pode ver os filhos como um peso (quem vai querer alguém com dois filhos?), enquanto outros usam os filhos como confidentes e, pior ainda, como uma oportunidade de manipular com culpa o ex-cônjuge para que volte.

A dor da criança já é suficientemente grande para que ela se faça responsável pelo cuidado dos pais!

Quando o coração estiver apertado demais, peça a alguém para cuidar das crianças para você ter um espaço para si mesmo. Procure um amigo especial. Se você não tem nenhum, procure um terapeuta, alguém que cuide de você enquanto você cuida dos seus problemas.

E, mais uma vez, tente desligar-se do futuro, limite suas decisões às necessidades do momento. Um bom advogado pode ajudar muito, embora eu pense que a separação formal não deve ser algo apressado, feito sob muitas emoções. Seria bom ponderar que 60% dos homens que saem de casa voltam antes de seis meses, embora as mulheres, quando decidem sair, raramente se arrependam.

Dê um tempo para você elaborar seus sentimentos, mas não se feche neles. Arrume espaço para ligar para os amigos que você não vê há tempos, vá ao cabeleireiro, tome um banho de loja, vá ao teatro, ao cinema, assista a um show, faça aquela viagem que estava querendo.

Se você quiser lutar pelo seu amor, vá fundo. Não com o espírito de vítima abandonada, mas com o charme de alguém que sabe lutar pelo que quer. Se não funcionar, abra espaço para um novo amor, que no momento certo aparecerá.

À medida que a separação vai se consolidando, é importante que a educação dos filhos seja compartilhada e decidida a dois, apesar das mágoas e dores causadas pelo afastamento.

Especialmente para o homem: **não tem mais sentido o pai de fim de semana, a cada quinze dias!** E não é só pelas crianças, é também por você mesmo! Você tem direito a momentos de intimidade com seus filhos durante a semana e também de acompanhar suas descobertas na vida e as novidades. Dê pelo menos um telefonema por dia a seu filho.

Papai pode estudar com os filhos, ir à escola saber como as coisas estão indo, cozinhar com os filhos, dar banho, assinar boletim, levar ao médico, ao dentista...

Mamãe pode deixar as crianças com papai e sair para namorar e passear!

A felicidade dos dois dará tranqüilidade para que os filhos desfrutem sua vida.

Novos parceiros

À medida que novos relacionamentos são criados, um aspecto importante é o momento de apresentar o(a) novo(a) namorado(a) aos filhos.

Não é bom apresentar o novo parceiro no dia seguinte ao primeiro encontro, pois a criança sofrerá se, porventura, depois de colocar energia nesse relacionamento, perder de vista a pessoa que lhe foi apresentada.

Por outro lado, nada de ficar escondendo o novo parceiro dos filhos, pois eles pressentem. Às vezes os amiguinhos já sabem e eles começam a sentir-se como se não fossem dignos da confiança dos pais.

Depois que o novo parceiro é introduzido na família, inicia-se uma fase de adaptação. Algumas vezes os filhos ficam felizes com sua chegada, pois representa uma possibilidade de felicidade para o pai ou para a mãe. Outras vezes inicia-se um processo de competição, seja porque o novo membro não teve sensibilidade para entrar, seja porque um dos filhos se sentiu ameaçado pelo estranho, seja ainda pela combinação das duas coisas.

Em todo núcleo familiar existe um sistema de regras não só sobre condutas mas também sobre maneiras de lidar com sentimentos, informações que não são explicitadas. Quando o novo elemento chega, demora certo tempo até entender o funcionamento do grupo. Por outro lado, ele também tem suas crenças e seus valores de como uma família deve ser e, quando são muito diferentes, podem surgir conflitos.

Mas nada que um pouco de compreensão e paciência não resolva!

É importante que, uma vez definida a separação, os pais deixem claro para os filhos, com muita serenidade, que o retorno é impraticável. Isso evitará que os filhos fiquem pensando existir algo que eles podem fazer para que os pais voltem.

Os filhos que ficam doentes, têm problemas na escola e fazem chantagens emocionais agem como se estivessem mandando um recado: *"Ei, por que vocês não esquecem essa separação e vêm cuidar de mim?"*

No começo, a verdade pode significar uma dor para a criança, mas depois representará a oportunidade de interromper uma luta vã e retomar o caminho de sua vida.

Existem pessoas que não conseguem deixar o ex-cônjuge livre para reconstruir sua vida amorosa. Fazem questão de manter sua presença na vida afetiva do outro, o que acaba sempre alimentando no filho a idéia de que a separação é provisória. Então ele fica sendo o guardião do espaço do pai ou da mãe.

Quando se introduz o novo parceiro na vida familiar, o filho vai procurar mostrar que ele não é bem-vindo e faz questão de assinalar: *"Você não é meu pai!"* (ou minha mãe).

Outras vezes, o novo parceiro quer ocupar o espaço do pai ou da mãe da criança e acaba provocando sua rejeição.

Ninguém ocupa o lugar do pai nem da mãe na vida de uma pessoa. É importante que cada papel seja bem delimitado e que a criança seja protegida em seus sentimentos.

O pior é quando o novo parceiro começa a competir com os filhos. Então se cria uma situação em que parece que se tem de decidir entre o novo amor e os filhos.

Se você vai começar uma relação com alguém que já tem filhos, saiba que eles sempre farão parte dessa nova vida. Não aceitar os filhos de alguém é não aceitar essa pessoa.

É mais ou menos como o Sol dizer: *"Eu aceito a Terra, mas não quero que ela venha com a Lua"*. A Lua não existe sem a Terra e vice-versa, ambas formam um todo indivisível.

Tampouco tem sentido deixar um novo amor em papel secundário. Ele precisa ter espaço para crescer.

Espiritualidade

Você já reparou que toda criança manifesta em algum momento uma curiosidade natural a respeito da origem da vida e do que é o Universo?

"Quem inventou o mundo?"

"O que acontece depois que a gente morre?"

"Como é Deus?"

É a primeira noção de que existe algo além do material.

Nesse momento, os pais precisam lidar com carinho com essa questão. Conversar com os filhos é muito importante, para que eles comecem a desenvolver a consciência do sentido da vida e das diferentes culturas e crenças que nos cercam. Uma espécie de "viagem pela espiritualidade", que faz parte do crescimento do ser humano. Para alguns pais, essa viagem se dará através da procura religiosa. Para outros, através do sentido mais amplo da vida. Para outros ainda, uma explicação psicológica.

É uma caminhada por uma estrada invisível, na qual procuramos perceber a grande conexão cósmica, da qual fazemos parte. Aprender a acreditar em algo é fundamental, e os pais podem ajudar os filhos a trilhar esse caminho. Não vemos as ondas do rádio, por exemplo, e elas existem. O mesmo acontece com milhões de outros fenômenos não-visíveis.

A religiosidade nada mais é do que o reconhecimento do sagrado em cada ser; é admitir que a minhoca, a borboleta, as árvores, os rios, a pessoa que briga conosco são criações divinas tanto quanto nós.

Uma das tarefas mais importantes dos pais é apresentar esse universo aos filhos sem preconceitos de pecado, sem julgamentos do que é certo ou errado, sem condicionamentos. Cristo, Buda e outros que atingiram um nível elevado de religiosidade nunca disseram: *"Seja como eu sou"*. Simplesmente convidaram as pessoas a ser elas mesmas, o mais inteira e intensamente possível, a ir além do material, sabendo que ser verdadeiro é a melhor maneira de realizar nossa missão aqui.

A religiosidade é um estado de ser, de estar e de procurar. Supera a postura clássica da crença num Deus premiador ou punidor, a quem se recorre como um mendigo que pede esmolas em situações de desespero.

Religiosidade é a compreensão, cada vez mais absoluta, de uma espiral de energia que transcende a pretensão simplista de agir certo ou errado. Quanto mais uma pessoa procura ser ela mesma, assumindo características próprias, mais se aproxima do sagrado. O profano é o distanciamento de si mesmo, quando se nega a própria vida para realizar outro modelo de perfeição.

O significado dos problemas

Quando os problemas, sobretudo os mais graves, aparecem (falência da empresa, desemprego, doença ou morte de um ser querido), existem dois caminhos a seguir.

O primeiro é o do herói. Consiste em ter a capacidade de mergulhar fundo dentro de si mesmo para buscar todas as forças, enfrentar e vencer os desafios que a situação apresenta. Nessa viagem corajosa e ousada, o indivíduo, além de conhecer poderes interiores até então inimagináveis, pode também desenvolver a sabedoria e a compreensão dos processos da vida.

O outro caminho é o da vítima. A pessoa se entrega ao desespero e à impotência, submetendo-se aos limites imaginários que suas crenças lhe impuseram. Dessa postura o indivíduo emerge fracassado.

Quando nos lembramos de Cristo em seu calvário, podemos ter a dimensão clara de seu processo evolutivo. Obviamente Ele não precisava, em vista de sua santidade, passar por tal experiência, mas o fato de enfrentar e buscar suas forças mais sublimes, em meio a tantas violências, desencadeou o processo que lhe permitiu resgatar sua divindade.

Portanto, quando situações angustiantes se apresentarem, dê-se o direito de, assim como Cristo, pedir para que o cálice seja afastado. Afinal, você é humano e tem toda a permissão de sentir medo e dor. Contudo, se a situação avança e você recebe o chamamento, perceba que em seu interior existe força suficiente para superar a situação.

Somente a fé, em si mesmo e na Existência, lhe dará condições de conhecer um poder que, talvez de outro modo, não conheceria e

para atingir uma capacidade de compreensão e aceitação que apenas aqueles que fazem a viagem dos heróis podem atingir.
Os problemas são maneiras que a Existência encontra para mostrar-lhe sua capacidade.

Resolvendo problemas

Nossos filhos inevitavelmente terão de enfrentar problemas, isso faz parte da vida. Se a cada dificuldade que surge os pais ficam ansiosos, passam a existir dois problemas: o do filho e o dos pais.
Quando surge uma dificuldade, o primeiro passo é definir as características do problema e procurar uma solução para ele.
Se seu filho estiver com problemas de alfabetização, por exemplo, é preciso analisar as causas e procurar as soluções mais adequadas sem entrar em pânico, sem permitir que a imaginação amplie dramaticamente essa dificuldade e você comece a pensar que seu filho será um adulto confuso, malsucedido, que passará a vida culpando os pais etc.
O que é real tem solução, ainda que seja a de apenas aceitar o fato.
As expectativas devem ser deixadas de lado, pois só dificultam a resolução do problema. Além do mais, as previsões podem se realizar ou não.
O futuro apresenta tantas variáveis que é impossível ter alguma certeza a respeito dele. Quando lemos os jornais, percebemos claramente como os especialistas divergem sobre o que vai acontecer e como fatores inesperados mudam subitamente suas expectativas.
Quando ouço previsões, lembro-me de uma situação ocorrida em Londres no século XIX, quando o transporte urbano era feito por veículos puxados a cavalo. Os dejetos dos animais constituíam uma preocupação. Fez-se, então, um levantamento das perspectivas de

crescimento da população com base no número de ruas. Verificou-se quantos veículos e cavalos seriam necessários para o transporte e chegou-se à conclusão de que toneladas de fezes de eqüinos seriam jogadas diariamente na cidade. Foi criada uma comissão para encontrar soluções e enfrentar a catástrofe. Chegou-se até a pensar em não permitir a entrada de mais pessoas para morar na cidade. Os pessimistas alardearam o caos...

Alguns anos depois foi inventado o motor a explosão, e os cavalos foram deixados de lado!!! O problema anterior foi solucionado quase automaticamente.

Se a criança está muito agressiva, é preciso verificar de que ela está precisando no momento e deixar de lado suposições trágicas, como pensar que ela vai ser desordeira, irresponsável etc.

A primeira idéia, portanto, é deixar as projeções de lado. Os seres humanos são surpreendentes, estão em constante renovação, principalmente quando não são rotulados.

Muitos pais costumam definir seus filhos: *"O Sérgio é muito doente. Por qualquer mudança de clima ele já se resfria"*, *"A Suely é briguenta, ela nunca leva desaforo para casa"*. Criam assim, nos filhos e neles mesmos, uma expectativa de determinadas reações, o que constitui um obstáculo para o inesperado, o novo, o criativo. E as crianças quase sempre realizam o que delas se espera...

Rótulo é bom para produtos destinados ao consumo, quando se quer fixar uma marca, mas não serve para seres humanos, porque cada indivíduo é um permanente ato de criação.

Quando aparecer uma dificuldade, não adianta procurar um culpado, mas as causas e as soluções. Muito menos deve-se usar o problema para demonstrar que se é melhor do que o outro...

É muito mesquinho aproveitar-se de um problema do filho para menosprezar o cônjuge e assim sobressair, especialmente porque isso, além de não resolver a dificuldade, vai aumentar a tensão, já que as causas de um problema muitas vezes são múltiplas.

Uma situação difícil já é dolorosa por si mesma. Por que ampliá-la com acusações e desculpas? Sem contar que é infernal para o filho acordar no meio da noite com os pais brigando e se acusando mutuamente por causa dele. Essa criança vai achar que é problemática e má e que por isso prejudica o relacionamento dos pais.
Um problema nasce, em geral, de uma necessidade que não foi resolvida. Não se deu a devida atenção a ela e então foi se ampliando e às vezes se distorcendo. Por exemplo: um adolescente que não consegue fazer amigos começa a isolar-se e a ficar agressivo. No começo sua necessidade era apenas aprender a se enturmar. Depois de algum tempo já se estruturou a crença de que não é uma pessoa interessante e que os outros não são amistosos.
Quando o filho apresenta uma dificuldade, é importante os pais permanecerem atentos para tomar as providências que se fizerem necessárias. Mas a maioria deles começa a desqualificá-lo. Essa desqualificação pode ser de quatro tipos:

Desqualificação do problema:
"O Jair não tem dificuldade nenhuma. Você é que está criando chifre em cabeça de cavalo".
No entanto, quando surge um problema, o melhor é enfrentá-lo logo no início.

Desqualificação do significado do problema:
"O Jair sempre gostou de ficar isolado, ele está irritado porque seu time perdeu".
Deve-se, porém, averiguar o que está realmente acontecendo e, se necessário, oferecer ajuda.

Desqualificação da capacidade de ajudar na resolução do problema:
"Eu não consigo fazer nada pelo Jair!"

Sempre existe uma forma de participar, ainda que seja mostrando que se tem vontade de ajudar.

Desqualificação da possibilidade de solucionar o problema: *"Os adolescentes são complicados mesmo! Não há o que fazer!"* Todo problema tem solução, embora possa ser demorada e trabalhosa. A resposta virá através de uma atitude positiva, com o empenho de juntos encontrarem uma saída que represente um compromisso de mudança.

Muitas pessoas adotam posturas que nada resolvem e às vezes até atrapalham. Eis algumas condutas improdutivas e a orientação para sair delas:
O filho está apresentando dificuldades na escola, e a professora chama os pais para uma conversa. Em vez de juntos encontrarem soluções, o pai pode...

Não fazer nada.
Ao receber o convite, pensa em ir um dia qualquer e acaba esquecendo. É preciso, porém, ter a coragem de enfrentar a responsabilidade pela vida do filho!

Omitir-se.
Ir à reunião, mas simplesmente participar dela passivamente, aceitando o que a professora determina sem fazer uma análise conjunta nem buscar as próprias soluções. Opine, analise o que foi dito, assuma posições, coopere para que o problema seja solucionado. Não seja apenas um mero espectador, mas um participante.

Agitar-se.
Ir à reunião, mas permanecer tão agitado que não consegue pensar nem deixar a professora falar e explicar a situação. Relaxe, procure

não complicar. Ouça com atenção e pense calma e objetivamente para que suas intenções se realizem mais facilmente.

Agredir.
Ir à reunião, mas ficar atacando a professora o tempo todo. Não utilize a energia para agredir, isso só piora a situação. Utilize-a para fazer o que é necessário, tornando o ambiente mais tranqüilo e propício para o diálogo.

Para que consigam algo de produtivo numa situação problemática, é importante que todas as pessoas envolvidas pensem juntas, analisem o fato e cada uma se comprometa a fazer a sua parte.
Uma última observação: as dificuldades geralmente são de três tipos. Algumas surgem por descuido, como as dificuldades de aprendizado, facilitadas pelo fato de os pais não acompanharem o estudo dos filhos. Estas têm soluções específicas.
Outras fazem parte do crescimento, como a insegurança quando se muda de escola. Para estas a saída é a paciência e a compreensão. Com o tempo as coisas se resolverão.
E há ainda as dificuldades que são criadas pela busca da perfeição. Querer, por exemplo, que os filhos tenham nota máxima em tudo, que sejam sempre carinhosos, sempre amigos, sem conflitos etc. Tais dificuldades nascem da não aceitação dos limites humanos. Às vezes o mau humor do filho é conseqüência apenas de não ter dormido bem à noite, e não uma síndrome de rejeição causada pela falta de tempo dos pais para conversar com ele.

Pais de verdade

O certo é simples.
O simples é certo.
Se não é simples, não é certo.
Se não é certo, não é simples.

Poema zen-budista

Precisamos entender que às vezes ser pai significa ser antipático, atuar com uma firmeza que deixará os filhos chateados conosco. Alguns pais caem na armadilha de não suportar a chateação dos filhos, pois os querem sempre alegres. Deixam que façam tudo, permitem tudo, e o resultado é uma criança mimada que não entra em contato com suas frustrações.

Uma das grandes habilidades que capacitam uma pessoa a administrar bem sua vida é saber lidar com as frustrações. Há pais que não se dão conta de que durante a chateação os filhos estão pensando e refletindo sobre aquela situação e aprendendo a superá-la. Há mães lavadeiras que se sacrificam para dar uma calça que custa uma fortuna para o filho por não conseguir dizer que esse gasto não se encaixa em seu orçamento. Se dissessem a verdade, o filho tomaria consciência da realidade e teria de aprender a lidar com ela. Há pai que não suporta ver o filho chateado. Às vezes chega a cortar a mesada do filho porque este fez algo que não foi legal, mas depois não consegue manter a decisão porque vê o filho emburrado. Quando ele vem pedir-lhe dinheiro, não tem coragem de dizer *não* e libera o que o filho não merecia receber.

Outras vezes trata-se de uma festa e na manhã seguinte o filho tem prova. O pai diz ao filho que irá buscá-lo à meia-noite, mas ele faz birra, responde que não quer. Às onze e meia, o pai liga e diz: *"En-*

tão está bem, filho, não vou te buscar à meia-noite. Na hora que você quiser, me ligue e eu vou pegar você..."

O garoto liga às quatro da madrugada, e o pai, preocupado, nem dormiu direito. E, ainda por cima, ele acaba fracassando na prova por estar com sono e não ter estudado o suficiente.

Nós precisamos sempre lembrar que pai e mãe são pai e mãe, e não simplesmente um amigo. A função dos amigos, principalmente entre os adolescentes, é apoiar, é dar uma força, ainda que os verdadeiros amigos sejam aqueles que sabem dizer também: *"Olhe, isso não é certo, não é assim que deveria ser feito"*. Mas amigos adolescentes, na maioria das vezes, estão sempre dando uma força, sempre estimulando.

Os pais não podem se confundir com esses amigos. Devem exercer também o papel de educadores. E o educador não pode aprovar certos comportamentos. É importante que você tenha sempre isso em mente: você é educador. É evidente que gostamos de curtir a vida, de ser amigos dos filhos, mas devemos lembrar sempre que o pai e a mãe estão vendo mais à frente, percebem por onde os filhos estão indo e precisam contribuir para que essa evolução não prejudique seu futuro.

Muitos pais dizem: *"Mas eu, na minha juventude, também era assim, não era responsável, não estudava"*.

Mas eu lhe pergunto: *"E como é que está sua vida hoje? Você não poderia estar em melhores condições, não poderia dar mais alegrias para a sua família?"*

Justamente por nem sempre ter sido um bom caminho aquele que você trilhou, sua obrigação como pai ou mãe é ajudar seu filho no desenvolvimento de uma consciência com responsabilidade e, sobretudo, ensinar-lhe princípios que tornarão sua vida realmente sólida.

Educar com princípios sólidos

Num mundo de tantas mudanças, pressões, cobranças de resultados, precisamos respeitar nossos princípios. Nossos valores devem ser sólidos e não podem ficar abalados por nenhum dinheiro deste mundo. E os princípios exigem clareza e coerência. As pessoas que têm princípios ambíguos e flexíveis acabam fragilizando sua dignidade.

É muito importante que mãe e pai mostrem seus princípios ao filho. Os pais que constantemente, e na prática, valorizam a honestidade, a lealdade, o respeito ao próximo, o sucesso através do trabalho dão aos filhos a certeza de que vale a pena cultivar essas qualidades.

No que diz respeito a esses valores, os pais devem ser firmes e coerentes. Mostre que a verdade sempre deve prevalecer sobre a mentira, que a justiça deve contrapor-se à mentalidade que prega a vantagem a qualquer preço. Todas as vezes em que os filhos (de qualquer idade) se mostrarem flexíveis quanto aos princípios, os pais devem conversar sobre o tema para demonstrar a necessidade da adesão total a esses princípios.

Por que dizer a verdade e rejeitar a mentira? Porque a pessoa que mente se enfraquece, cria laços com a angústia, com a ansiedade, com a insegurança e se torna vacilante no seu caminho de desenvolvimento humano. Educar com princípios é argumentar para que o filho entenda a razão pela qual precisa abraçar os valores.

Toda conversa entre pais e filhos deve se basear na busca de um sentido para a vida. Você já pensou na força das palavras dos seus pais? Você já percebeu que tem 30, 40 ou 50 anos de idade e até hoje escuta na consciência a voz dos seus pais? Por isso, tenha também consciência de que suas palavras e orientações são decisivas na vida de seus filhos. Eles jamais esquecerão o que você lhes disser.

Às vezes os pais mentem por coisas muito pequenas que, aparentemente, não fazem grande diferença. E essas pequenas mentiras acabam fazendo um grande estrago na vida de uma pessoa. É fundamental percebermos como esses detalhes influenciam a educação dos filhos, mesmo que naquele minuto a mentira parecesse ser a saída mais fácil. Os pais devem ter bem claro que tudo o que dizem e fazem repercutirá para sempre na vida dos filhos.

As pessoas estão buscando a vitória a qualquer custo, e isso inclui passar por cima dos outros. **Não podemos abrir mão dos princípios da honestidade e confundir a vitória com o sucesso nem a derrota com o fracasso.** Na vida de uma pessoa de sucesso também acontecem derrotas. Na vida de uma pessoa que fracassa há também muitas vitórias. E precisamos entender que uma derrota pode nos ajudar a aprender mais sobre nós mesmos, sobre a vida, e com isso crescer para, no futuro, conquistar uma grande vitória.

Querer uma vitória agora e, para atingi-la, agir de maneira antiética e desonesta é, além disso, totalmente inútil. Chegará o dia em que a verdade prevalecerá e aquela falsa vitória se tornará uma grande derrota.

Quando converso com os atletas que oriento, digo-lhes sempre: *"Vamos procurar vencer sempre, mas não de qualquer jeito"*. Vencer de qualquer jeito causa nas pessoas a percepção de que a vitória não foi delas, mas fruto da trapaça, da enganação. Não foi o atleta que venceu, mas sua falta de honestidade. Conseqüência: será um eterno frustrado.

Uma vitória real e permanente só é possível quando construímos uma vida sobre bases sólidas.

Nossos filhos precisam desse exemplo.

A hora da verdade

Pai e mãe, estejam conscientes todo o tempo.

Talvez um dos maiores erros que um ser humano possa cometer é o de não estar consciente de suas ações, atitudes, de sua maneira de agir.

As pessoas falam da terceira visão como um sistema de conectar-se com o mundo invisível, mas nosso verdadeiro e fundamental trabalho como seres humanos é nos mantermos conscientes de nós mesmos.

Encontrei na Índia um mestre que me contou a história da terceira visão. Disse-me que a terceira visão era um olho que saía de um ponto imaginário no encontro dos olhos das pessoas e que, como um apêndice que saía de nossa testa, ficava observando nosso rosto e nossas expressões faciais. A terceira visão era o olho que nos enxergava.

Esse olho nos mantinha conscientes de tudo o que fazíamos. Podíamos ver quando sorríamos de maneira irônica, quando olhávamos os outros com desprezo, e era nesse momento que nos corrigíamos. Esse olho nos dava a referência de como realmente nos comportávamos, pensávamos, agíamos...

Quando as guerras tiveram início, as pessoas não resistiram a essa visão, que lhes mostrava feições de profundo ódio e medo. Como não conseguiam suportar as próprias expressões, muitos arrancaram esse apêndice de si mesmos ou o perderam durante as batalhas. O fato é que estão cegos para enxergar a si próprios. Hoje praticamente todos vêem, mas raramente alguém consegue ver a si mesmo.

Muitas pessoas se iludem porque, na verdade, pensam que vêem, mas têm visão muito limitada: não enxergam realmente sua maneira de ser.

É o médico indiferente que não entende o motivo de seu consultório estar vazio, é o psicólogo sem compromisso que não compreende por que os clientes não voltam, é o pai superficial que não entende por que os filhos não conversam com ele, é a mãe agressiva que fica com raiva porque os filhos não contam seus segredos a ela.

Procure sempre estar atento porque sua terceira visão *são os seus filhos*. Eles estão sempre vendo seu rosto e sabem se o que você faz nasce do amor, da generosidade, de seus valores ou se nasce do egoísmo, da mesquinharia, da mentira.

Certa vez, num julgamento, a situação era totalmente desfavorável para o réu. O advogado de acusação havia sido brilhante, e a condenação parecia inevitável. Quando o advogado do réu foi falar em sua defesa, parecia impossível obter sua absolvição porque todas as provas e argumentações o incriminavam. Com exceção de um fato: o corpo da vítima não fora encontrado. O advogado de defesa começou seu discurso:

— *Tenho de admitir que o trabalho do advogado de acusação foi brilhante e, por isso, este homem inocente está prestes a ser condenado por um crime que não cometeu. Até hoje não foi encontrado o cadáver da vítima. Eu vejo no olhar do júri a dúvida, vocês estão acusando alguém por um crime que ele não cometeu. Vocês o estão condenando por um crime que não foi cometido. E, para demonstrar quanto vocês estão errados, solicito a presença de uma pessoa. Por favor, abram a porta... Entre!*

Entrou no recinto uma pessoa parecida com a suposta vítima, e ele exclamou:

— *Eis a vítima do assassinato!*

Todos olharam surpresos para a pessoa que entrou, e o advogado prosseguiu:

— *Vejo a dúvida dentro de vocês. Se vocês dirigiram seu olhar para essa pessoa é porque sabem que um inocente seria condenado à morte por um crime que não foi cometido. Obrigado.*

Todos na sala sentiram que a predisposição dos jurados tinha mudado radicalmente. O júri saiu do plenário e se reuniu para deliberar a sentença. Depois de algum tempo voltou, e o juiz perguntou ao líder dos jurados:

— *Vocês têm uma decisão?*

— *Sim* — disse o líder.

O juiz continuou:

— *E qual é ela?*

— *Culpado!*

— *Culpado? Como, culpado? Se há alguns instantes, quando o advogado de defesa pediu que entrasse aquela pessoa, todos vocês olharam para ela?...*

E o líder dos jurados respondeu:

— *É verdade, todos nós olhamos, menos o réu! E com essa atitude ele mostrou que merece ser condenado.*

O que a maioria das pessoas não percebe é que, embora não estejamos olhando nosso rosto, nossos filhos percebem o que estamos sentindo. Embora você não esteja olhando o seu olhar, seu filho está vendo esse olhar. Embora você não esteja escutando o seu tom de voz, seu filho está escutando. Embora você não esteja ouvindo o silêncio que existe no intervalo de suas frases, seu filho está ouvindo. Por isso, o mais importante, para alguém que pretende ser pai ou mãe autêntico, é ser uma pessoa coerente com seus valores, com seu estado de espírito e, principalmente, coerente na busca da verdade. Não adianta você querer mudar a sua verdade. Respeite seus sentimentos, converse sobre suas opiniões e encontre o melhor caminho para você — de verdade!

Filhos e desculpas

Que os filhos não sejam desculpas para nosso medo de enfrentar o mundo nem para a voracidade, a sede de poder ou o compulsivo acúmulo de bens.
Que os filhos não sejam motivo para permanecermos em casamentos sem amor nem respeito mútuo, pois essa culpa se tornará para eles um peso impossível de carregar.
Que os filhos não sejam educados como uma forma de realizar nossas frustrações nem como porta-vozes de nossa omissão.
Não pretendamos que os filhos tragam a solução para nossa solidão, porque ninguém pode assumir a solidão de outrem.
Que os filhos sejam somente a busca de ser as próprias almas, e nós, pais, guardiões dessa semente desabrochando.

Às mães

A maior fraqueza da mulher em seus relacionamentos tem sido colocar a felicidade nas mãos de outra pessoa — nas do marido, dos filhos ou até do chefe.
Essa tendência de viver para os outros leva-a constantemente a querer provar que é legal, capaz e digna de ser amada na esperança de que, ao receber o reconhecimento dos outros, garanta a sua paz.
Nesse estilo de vida, em que descuida de si mesma, de seus desejos, de sua vocação, acaba ficando dependente e solitária. Nesse caso, tende a aceitar a solidão como se fosse uma maldição inevitável ou acaba fazendo os outros sentir-se culpados para conseguir sua companhia.
Quando uma mulher tem consciência de sua capacidade de realizar-se no amor e na profissão, não fica dependendo de um homem

para ser feliz; sabe conquistá-lo, é romântica sem ser melosa, firme sem ser autoritária e idealista sem ser utópica.

Cada vez mais as mulheres estão conseguindo seu espaço no mercado de trabalho. Hoje, mais da metade da população feminina trabalha em empresas, em consultórios, escritórios e vai em busca de sua autonomia, da auto-realização, de ser independente do homem. É muito bom obter sucesso sem culpa, pois você tem direito à sua vida, à sua carreira, ao reconhecimento e não precisa se sentir culpada.

As mães que, na maioria, ficam em casa para cuidar dos filhos em período integral acabam exagerando na necessidade que os filhos têm delas. Começam, como dizia minha mãe, a procurar pêlo em ovo para sentir-se imprescindíveis. Na verdade, seus filhos não precisam de você vinte e quatro horas por dia, mas de espaço para crescer, para assumir responsabilidades e superar desafios.

Quando uma mãe não desenvolve sua autonomia, quando se sente culpada por deixar os filhos em algum momento do dia, lá na frente, depois dos 50 ou 60 anos, vai querer mandar a conta para alguém. A conta vem acompanhada de frases do tipo: *"Eu, que dediquei toda a minha vida a você, recebo como recompensa o seu abandono! Você é ingrata, quer ir para o exterior estudar, mudar para outra cidade, sair de casa, nem se preocupa em ligar todos os dias para sua mãe!"*

Normalmente a conta é alta, quase impossível de pagar.

A única maneira de uma pessoa respeitar a autonomia dos outros é ser autônoma, administrar a própria vida e não cobrar dos outros uma dívida que eles não queiram assumir. E eu gostaria de lembrar-lhe que você tem direito à sua vida, aos seus sonhos, aos seus planos para, construindo seu caminho, trazer no rosto o sorriso de quem soube vencer.

Aos pais

As maiores fraquezas dos homens em seus relacionamentos se manifestam na omissão e na ausência. Depois de lutar para conquistar alguém que consideram importante, tendem a relaxar, perdendo o interesse pela pessoa amada.

A tendência de valorizar mais o ato de conquistar que o de desfrutar aquilo que conseguiu leva-o a um permanente estado de insatisfação e ao vazio existencial.

O grande desafio do homem, em seu processo de crescimento, é aprender a ver a beleza do cotidiano, o fascínio da intimidade, a grandeza das coisas simples e saber renovar os relacionamentos com as pessoas que ama.

A ausência do pai tem gerado nos filhos homens um sentimento de medo em relação às mulheres.

O menino sempre se relaciona com uma mulher — a mãe, a babá ou a professora — que tem no dia-a-dia poderes sobre ele. É ela quem vai julgar se ele é um bom ou um mau menino, poderá viver gritando e até bater nele e indicará a todo instante o que é certo ou errado. Ao procurar um jeito de torná-la feliz, ele aprende a ver as mulheres como seres poderosos e temíveis. Por isso, mais tarde, se sentirá tão inseguro que passará a querer dominá-las ou evitará o compromisso para não se sentir ameaçado.

Para as filhas, a ausência do pai traz como conseqüência o amor a homens ausentes ou distantes cujo afeto buscam conservar a qualquer custo, até mesmo com a anulação de si mesmas.

Muitas pessoas consideram seu pai uma carta fora do baralho. Mas é bom lembrar que a maioria dos jogos não prossegue quando falta uma carta. Muitas vezes o jogo do amor não evolui na vida de uma pessoa porque ela se ressente da falta do amor paterno!

Cada vez que o filho se aproxima do pai e não encontra espaço para compartilhar sua vida, seus sentimentos e desejos porque o pai está lendo o jornal, assistindo ao noticiário da televisão, tomando cerveja ou simplesmente porque está cansado depois de um dia horrível, aprende que seus sentimentos são menos importantes que a televisão, o jornal ou até uma bebida. Para não se sentir rejeitado, acaba se fechando e desistindo de procurar o amor paterno.

A presença do pai possibilita ao filho manter uma profunda conexão com a figura masculina que vai formando para si mesmo. Terá no pai uma demonstração de que a felicidade se obtém na convivência com pessoas queridas, e não aquela clássica imagem de que voltar para casa é um martírio.

A filha aprenderá, na convivência com o pai, a valorizar o homem com quem poderá compartilhar o dia-a-dia. Não viverá sob o domínio do medo — quase eterno para muitas mulheres — de ser abandonada.

Aprender a conviver e desfrutar a companhia dos seres amados não é um favor que o homem presta aos outros, mas sua grande oportunidade de ter uma vida mais plena.

Todo homem tem direito à sensibilidade, a curtir a intimidade com as pessoas que ama. Nós, homens, fomos treinados durante milênios para ser duros, fortes, agressivos, para sobreviver num mundo de guerras. Essa visão do homem como aquele que não tem afeto nem sentimento destrói a alma masculina.

É legal que você perceba que seus sentimentos, afetos, medos, alegrias, tudo isso tem valor. Quando você se valoriza, vai valorizar também o afeto de seu filho, a alegria de sua filha, o medo das pessoas que você ama e estão precisando de proteção, um ombro amigo, orientação. Somente quando o homem se permite ser frágil e compartilha suas angústias é que verdadeiramente fortalece sua alma.

Infelizmente, eu percebo que o modelo masculino de força é ainda o da força para conseguir dinheiro, ser agressivo, ser capaz de gritar com a mulher e com os filhos.
Pai, eu lhe peço que adquira a verdadeira força. Aquela que vem da humildade, da simplicidade, da sensibilidade, até do medo. Uma das coisas mais lindas é o momento em que um pai chega para o filho adolescente e diz *"filho, eu também estou sentindo medo"*, e o filho percebe que pode proteger seu pai, que ele é tão grande e pode lhe dar um abraço e dizer *"papai, nós te amamos e estamos com você, esteja você empregado ou não"*. Então percebemos que o verdadeiro amor pode chegar ao coração do homem.
Contudo, muitos homens acham que são amados porque o filho precisa do dinheiro deles, porque a esposa precisa de sua força, e morrem sem ter a percepção de quanto essas pessoas os amavam, sim, mas pela alma, pela essência.
Permita-se curtir a vida com seus filhos, permita-se ser feliz tomando um sorvete, indo ao parque com os filhos, jogando bola com eles, comendo um pedaço de melancia com sua esposa. Não precisamos de dinheiro nem de restaurante elegante nem de carro do ano para ser felizes. Precisamos apenas usufruir a dádiva da vida e amar o próximo.

A carícia essencial

A criança que existe dentro de cada pessoa necessita do reconhecimento dos pais para sentir-se importante e amada. Às vezes os pais deram muito amor, mas se descuidaram de determinados aspectos importantes da vida da criança. Receber esse reconhecimento torna-se, para ela, um objetivo de seus atos.
"Gostaria que meu pai tivesse dito que gostava de mim por ser uma menina!"

"Adoraria ter ouvido meu pai dizer: 'Filho, eu amo você!'"
"Queria que minha mãe gostasse de conversar comigo."
"Queria que meus pais me dissessem que têm orgulho de eu ser filha deles."

Muitas vezes a pessoa passa a vida num clima de tensão, preocupando-se mais do que o necessário, pensando que luta por um objetivo, mas, no fundo, o que ela quer de fundamental é o reconhecimento do pai ou da mãe.

Eu tinha um amigo viciado em trabalho. Ele lutava desesperadamente pelo sucesso, vivia sempre estressado. Um dia, almoçando com o pai, este lhe falou do orgulho que sentia de ser seu pai. Nesse momento meu amigo tomou consciência de que muito do seu esforço para ter sucesso nascera do desejo de receber o reconhecimento do pai, que era um homem brilhante e muito distante dele.

Uma bem-sucedida profissional liberal tinha uma mãe muito vaidosa e crítica. Esta, ao ser internada para uma cirurgia, ficou na dependência do dinheiro da filha. Começou então a agradecer-lhe pelo carinho e por estar tão disponível naquela hora. A filha disse que tinha sucesso por causa da força que a mãe lhe dera, até com o objetivo de que ela se sentisse melhor a respeito de si mesma. Então a mãe lhe respondeu que muitas outras mães haviam igualmente estimulado suas filhas e ela mesma havia lutado por todos os seus filhos sem tanto resultado. E concluiu que o mérito, portanto, era da filha, que *tinha sido capaz de vencer*.

Conversas desse tipo mudam a vida das pessoas. Quando se recebe a carícia essencial, a pessoa relaxa e se sente digna de ser feliz. Se seus pais ainda estão vivos, pense no que gostaria que eles lhe dissessem ou fizessem por você. Procure-os, converse com eles, peça-lhes o que necessita.

Existe ainda a carícia essencial que os pais necessitam receber dos filhos: a declaração de admiração ou a lembrança de algo impor-

tante que fizeram. Quando eles recebem esse banho de amor, sentem que sua vida valeu a pena.
Você tem o direito de ser amado por seus pais e de escutar deles tudo o que precisa ouvir. Tenho certeza de que, se você tiver a humildade de abrir o coração e dizer *"pai, mãe, eu preciso de vocês"*, receberá deles o que necessita.
Existem situações especiais, como as de algumas pessoas cujos pais são extremamente rígidos, neuróticos, mas trata-se de casos raros. Valorize seus pais e acredite que eles estão com muita vontade de sentir que ainda são importantes para você.

Papai também é gente

Filho, preciso ter uma conversa com você.
Estou tomando consciência de que sempre quis aparentar ser um super-homem, cheio de poderes e sem problemas. Com respostas prontas para tudo. Isso, além de ser um peso para mim, é falso e acaba me impedindo de mostrar como realmente sou.
Muitas vezes quero dar a impressão de ser uma pessoa que sabe tudo sobre a vida, sobre si mesmo... Percebo que procuro passar a idéia de ser infalível, alguém que está sempre seguro e não tem medo de nada. Mas não é assim que me sinto.
Às vezes tenho muitas dúvidas, sinto medo e fico confuso.
Quando você me vê preocupado, geralmente estou inseguro e, o pior, com vergonha de que as pessoas descubram que estou com medo. Sei que não há nada de errado em alguém se sentir inseguro, mas desde cedo fui ensinado que homem não sente medo e acabo querendo escondê-lo das pessoas.
O medo mostra que a gente está numa situação especial, que é preciso tomar cuidado ao decidir o que fazer, analisar se é o momento de

ir em frente ou de refletir um pouco mais. Sei também que seria bom compartilhar esses momentos com outras pessoas, mas, quando me dou conta, já estou de novo dando uma de durão e me isolando.
A vida carrega tantos mistérios! Eu procuro desvendá-los — algumas vezes tranqüilamente, outras com preocupação —, mas, dentro do possível, busco curtir ao máximo as surpresas diárias, quer saborosas, quer doces ou amargas, quer barulhentas ou silenciosas.
Sabe, filho, às vezes volto do trabalho cansado e irritado. Você vem correndo para a gente brincar — chega tão carinhoso! E eu, cansado, fico lendo jornal ou vendo televisão. Você insiste em que a gente brinque, e eu fico indiferente ao seu amor e até me irrito...
Quero que você entenda que a culpa não é sua. O problema é meu. Eu é que não sei lhe explicar que preciso de tempo para descansar e que tenho dificuldade de me desligar do trabalho.
Há coisas que não consigo resolver, e isso me deixa preocupado. Por favor, não se sinta rejeitado nem pense que está me atrapalhando ou que não gosto de você.
Há ocasiões em que me sinto encurralado. Percebo que, diante de certos riscos, poderia me abrir com você, com a nossa família. Vocês me entenderiam e talvez até cuidassem de mim. Mas, não querendo lhes dar trabalho e pensando em evitar-lhes preocupações, acabo preocupando-os mais ainda com meu persistente mau humor.
Sua mãe e eu às vezes brigamos. A gente costuma exagerar e acaba dizendo bobagens. Depois a gente se arrepende. Na verdade, filho, o que realmente queremos é encontrar uma maneira nova e melhor de viver juntos, de nos relacionar. Isso nem sempre é fácil!
Quando eu tinha sua idade, costumava pensar que meu pai era como Deus: perfeito, sem problemas, que tudo em sua vida dava certo, que ele pensava em tudo, sabia de tudo, que nunca se sentia inseguro. Então, quando me apareciam problemas, concluía que meu pai era ótimo, e eu, péssimo, que era preciso imitá-lo, pois, quando crescesse, queria ser como ele.

Cresci. Quando era adolescente, não suportava meu pai. Brigava com ele por qualquer coisa, não aceitava nada que partisse dele. Eu me sentia mal por brigar com ele, pois o amava muito, mas me rebelava por achar que me tratava como criança, que não me valorizava, que não percebia que eu já tinha crescido. Eu achava meu pai péssimo, queria me livrar dele de qualquer jeito.

Papai não era o semideus que eu adorava quando criança nem o demônio que odiava quando adolescente. Ele era um ser humano com virtudes e dificuldades.

Embora errasse, continuava procurando um jeito de acertar. Embora erre ainda hoje, ele é homem como eu sou, como você é.

Temo que você forme a mesma imagem a meu respeito. Se você me considerar um deus, isso não é legal nem para você nem para mim. Porque, se me colocar lá no alto, vamos ficar longe um do outro. Se você me julgar um demônio, quero lhe dizer que o compreendo e terei paciência, respeitando o momento que você está vivendo, ainda que saiba que você, provavelmente como eu, está sofrendo com nosso afastamento.

O que realmente quero é que estejamos sempre juntos, mesmo que tenhamos pontos de vista diferentes. Quando um de nós estiver chateado, quero que possamos ter a franqueza de dizer um ao outro o que pensamos e sentimos, ainda que sejam coisas desagradáveis.

Quero que sua vida seja exatamente o que você quer que ela seja. Não pretendo que mude só por eu desaprovar o que você pensa, sente ou faz.

Porque a vida é sua, filho. Ainda que eu brigue com você, acabarei me sentindo bem por ver que você é uma pessoa que sabe o que quer e luta para se realizar.

Somos duas pessoas diferentes que podem até parecer uma só, tamanho é o amor que sentimos um pelo outro. Mas sei que você tem sua vida e objetivos próprios. Sinto-me orgulhoso por vê-lo crescer e tomar o seu caminho.

Filho, eu o amo totalmente. Quando você nasceu, minha vida mudou de vez. Ser seu pai é meu maior orgulho.
Ver seu sorriso é um bálsamo para mim.
Sentir seu abraço é minha paz. Ver a felicidade que você sente por ser meu filho é meu sonho de cada dia.
Quando saio, um laço forte liga-me à nossa casa: é a certeza de que você lá está, me esperando, torcendo para eu voltar logo e a gente ficar brincando até tarde.
Daqui a alguns anos, quando você crescer, sei que irá cuidar de sua vida. Será então a minha vez de ficar em casa, torcendo para você voltar logo!
E eu vou celebrar cada vez que você aparecer, alegre ou triste, com sua mulher e meus netos. Irei esperá-los para — todos juntos — rolarmos no tapete, corrermos juntos, conversarmos sobre a vida...
Você me orientando sobre onde aplicar o dinheiro...
Sei que minha maior alegria — ainda que isso me impeça de tê-lo comigo todos os dias — será vê-lo um homem de sucesso, amando e sendo amado, criando seus filhos e mostrando a eles que *papai também é gente!*

Generosidade com você

Depois de tudo o que conversamos neste livro, depois que você refletiu, analisou, gostaria de lembrar mais uma coisa: você vai cometer erros. Apesar de todo o seu amor por seus filhos, você vai fazer coisas que não vão funcionar. Errar faz parte da vida dos pais. Educar filhos não é algo matemático, é algo que depende da sensibilidade dos dois, algo que depende do momento, da percepção.
Eu gostaria que você, quando perceber que fez algo errado, não se torturasse. Nesse momento, não vai ajudar nada ficar se martirizan-

do, dizendo que deveria ter feito de outra maneira para não errar, que se você tivesse dado um pouco mais de atenção a situação não chegaria a esse ponto...

Veja, você fez o melhor *naquele momento*. Você pode até ter errado, mas errou tentando fazer o certo, pois você é uma pessoa legal. Quando perceber que realmente errou, não amplie o problema: peça desculpas.

Infelizmente, ao errar, em vez de pedir desculpas nós acusamos nossos filhos para arranjar justificativas para nosso erro. Agir dessa maneira, acusando, só aumenta os malefícios para o nosso eu.

Pedir desculpas é a atitude mais simples, e seu filho não só vai perdoá-lo como admirá-lo pela humildade, pela grandeza de reconhecer o próprio erro. Mais ainda, o relacionamento entre você e ele crescerá porque você irá se comprometer a agir na próxima vez com mais atenção.

Deixe o passado para trás. Olhe para a frente e perceba quanto você está evoluindo para ser um pai melhor. Comemore com muita alegria quanto você tem mudado e quanto ainda se aperfeiçoará!

Deus dá o acabamento

Muitas vezes nós fazemos tudo certo, e aparentemente parece que tudo está dando errado.

Você orienta, instrui, dá carinho ao seu filho, e de repente percebe que ele está se sentindo rejeitado, está angustiado, indo mal na escola, batendo as portas...

Não desista simplesmente porque as coisas não estão acontecendo como você gostaria. Continue fiel aos seus princípios, converse com um amigo e analise se realmente você está fazendo o melhor. Se chegar à conclusão de que está fazendo tudo certo, mantenha essa linha e confie em Deus.

Saiba que Deus tem uma estratégia para tudo. Eu fico impressionado quando vejo adolescentes desanimados, sem querer continuar os estudos, e lá na frente a história se acerta, e eles se encontram, constroem uma vida afetiva legal e têm uma estrutura familiar e profissional de sucesso. Sinto que é a presença de Deus. Sempre digo que Deus dá o acabamento a nosso quadro.

Já estudei pintura, e tenho certeza de que não sou nenhum Picasso. Contudo, quando observo hoje alguns quadros que eu fazia nas aulas, digo para mim mesmo: *"Meu Deus, como este quadro ficou bonito!"* Aparentemente, fui eu que os pintei, mas na verdade era meu professor quem dava o "toque de mestre". Eu me dedicava, dava o máximo, mas quando terminava de pintar uma paisagem ou uma natureza-morta percebia que o resultado não era bom, que havia algo de desengonçado, que faltava poesia... Mas aí o professor vinha, dava umas quatro ou cinco pinceladas com rapidez, com leveza — e o quadro ficava maravilhoso. Eu não tinha o talento daquele professor. Enquanto eu trabalhava horas no quadro, em um minuto ele dava vida à obra de arte. Mas nem por isso esses quadros deixaram de ser meus.

Algo de muito parecido acontece com os pais que acompanham seus filhos nessa viagem da vida. Nós trabalhamos durante as aulas, durante várias horas cada aula, e há momentos em que parece que o quadro não tem mais jeito, que a única coisa a fazer é passar o branco e esquecer aquele quadro. Mas Deus vem e dá seus toques divinos, e nossa obra acorda como uma bela adormecida, o pesadelo vai embora, e percebemos que nosso trabalho, nossa tarefa, torna-se, com o toque de Deus, uma obra de arte.

Seu filho é uma obra de arte, e Deus vai saber dar o toque no momento certo.

O amor universal

Muitas vezes, nas noites frias de inverno, em minha casa, sinto a alegria de poder vestir uma malha quente em meus filhos, de poder colocar um cobertor sobre eles e sentir quanto é gostoso estar numa casa quente. Mas, nessas muitas noites, eu sinto também tristeza por saber que muitos pais não têm cobertores para cobrir seus filhos e têm que dormir ouvindo o choro deles por sentir frio.

Em casa, principalmente no almoço em família, vejo minha mesa farta, meus filhos se alimentando com prazer, e fico feliz em poder proporcionar essa alegria a eles. Mas depois fico triste por lembrar que existem pais sem condições de proporcionar uma alimentação saudável aos filhos. Eu sinto a dor desses pais que ouvem o filho dizer que está com fome e não têm nada para lhe dar de comer.

Eu acredito que o amor que sentimos por nossos filhos deve nos estimular a contribuir com alguma causa social que ajude esses pais a dar amparo a seus filhos. Se você e eu fizermos mais por outros pais, poderemos curtir de maneira mais gostosa a vida com nossos filhos. Cada um de nós pode e deve ajudar um pouco a tornar este mundo digno da raça humana.

Talvez você me diga: *"Mas, Roberto, é muita pobreza, é muita corrupção, é um trabalho impossível. O nosso país precisa de um trabalho sério, de milhões de recursos para mudar".*

Concordo, mas quero que você contribua com sua parte. Comece aos poucos. Se você ajudar os filhos de sua empregada a estudar, ou a ela mesma, se você fizer uma ação voluntária numa creche, mesmo que pareça ser uma atitude pequena diante das dimensões do problema, já será de grande ajuda.

Se todos fizerem a sua parte, os problemas fundamentais da nação serão resolvidos. Só depende de mim e de você.

Faça, portanto, a sua parte, mesmo que passe pela sua cabeça a idéia de que as coisas não vão mudar. Tenho certeza de que, se todas as pessoas assumirem suas responsabilidades e ajudarem os pais que não têm condições de levar sua família para a frente, um dia iremos acordar e ver um país e um mundo transformados. Quando digo isso, não estou descrevendo um mero sonho, mas analisando a situação com objetividade.

É como se você assumisse uma empresa com 100 funcionários, todos eles desanimados. No entanto, uma única pessoa, vendo como você se empenha, toma a decisão de comprometer-se e procura trabalhar mais. Logo depois, ela contagia duas ou três pessoas. Um mês depois, você chega à empresa e percebe que os 100 funcionários estão comprometidos. O trabalho consciente de uma pessoa entusiasmou aos poucos todo o grupo.

O amor cresce à medida que você o universaliza.

O amor de um pai pelo filho vai se ampliar se ele conseguir viver uma profunda conexão amorosa com os filhos de outros pais, pobres ou ricos, de seus funcionários, de seus amigos, filhos de pais que ele nem conhece.

Cada gesto que você faça pelos filhos de toda a espécie humana vai ampliar sua capacidade de entrega a seus filhos.

Várias pesquisas demonstram quanto se pode conseguir quando cada um faz a sua parte.

Um grupo de estudiosos japoneses realizou uma série de estudos sobre comportamento animal num arquipélago formado de minúsculas ilhas e pôde observar que os macacos da região comiam batatas sem lavar, isto é, sujas de terra.

Certo dia, um macaco pequeno resolveu lavar sua batata antes de comê-la e gostou do paladar do tubérculo sem terra. Correu para mostrar a descoberta à sua mãe, que lhe deu uns petelecos.

Mas o macaquinho idealista não desistiu. Resolveu mostrar sua descoberta para outros filhotes. De vez em quando um deles resolvia experimentar e gostava da comida sem terra. Era uma difícil tarefa convencer a todos.

O grupo de macacos jovens que lavava suas batatas foi aumentando. Finalmente, conseguiram convencer alguns de seus pais, que também experimentaram.
Um belo dia, os pesquisadores observaram que todos os macacos daquela ilha estavam lavando as batatas antes de comê-las e, para surpresa geral, constataram que não somente os macacos da ilha mas também os de todo o arquipélago tinham aderido à novidade.
Os observadores chegaram à conclusão de que o trabalho de conscientização inicialmente é demorado, pois poucos aderem e a maioria o desqualifica. Mas, quando determinado número de elementos de um grupo social atinge a consciência — que no experimento eles denominaram de "o centésimo macaco" —, a energia que parte deles contagia toda a comunidade.
Assim como o primeiro macaquinho, que fez sua descoberta, é importante que cada ser humano persista em sua revolução interior.
A nossa capacidade de transformação social vai aumentar quando mudarmos não só nosso discurso mas principalmente nossos sentimentos, nossa postura e nossa compreensão da vida.
Conscientes de nosso mundo interior, o trabalho deve ser feito de dentro para fora. Só então poderemos participar verdadeiramente da criação do Novo Homem para o Novo Mundo.
A tarefa é ampla, mas é a única saída deste caos atual. A meta será atingida à medida que cada pessoa aprender a lavar suas batatas, seus sentimentos e suas crenças e, com seu exemplo, ajudar os outros a atingirem a mesma consciência.
Um dia chegaremos ao "centésimo macaco".
Se acreditarmos, acontecerá.

Contatos com o autor

roberto@institutogente.com.br
www.shinyashiki.com.br

edelbra
Impressão e acabamento:
E-mail: edelbra@edelbra.com.br
Fone/Fax: (54) 520-5000

Filmes fornecidos pelo Editor.